Praxisreihe Situationsansatz

Und wer bist du?

Praxisreihe Situationsansatz

Und wer bist du?

Interkulturelles Leben in der Kita

Christa Preissing

Illustrationen von Peter Bauer

Ravensburger Buchverlag

Vorwort

Die Deutsche Bibliothek –
CIP-Einheitsaufnahme

Und wer bist du?: interkulturelles Leben in der Kita / Christa Preissing. Ill. von Peter Bauer. [Hrsg. Jürgen Zimmer]. –
Ravensburg: Ravensburger Buchverl., 1998
(Praxisreihe Situationsansatz)
ISBN 3-473-98909-6

Christa Preissing
Diplom-Soziologin, Dr. phil., Mitarbeiterin im Fortbildungsinstitut für die pädagogische Praxis (FIPP), wissenschaftliche Mitarbeiterin an der Freien Universität Berlin; Geschäftsführerin des Instituts für den Situationsansatz der Internationalen Akademie.

Buchkonzeption: Gisela Walter
Redaktion: Cornelia Stauß, Berlin
Printed in Germany

ISBN 3-473-98909-6

Diese Praxisreihe mit ihren 12 Bänden ist zugleich der Ergebnisbericht des Projektes „Kindersituationen". In allen neuen Bundesländern und im Ostteil Berlins beteiligten sich zwölf Kindertagesstätten, um nach dem Konzept des Situationsansatzes die pädagogische Arbeit weiterzuentwickeln. Die Leitung des Projektes lag bei Prof. Dr. Jürgen Zimmer, Freie Universität Berlin. Gefördert wurde es vom Bundesministerium für Familie, Senioren, Frauen und Jugend und unterstützt von den zuständigen Länderministerien.
Die Erzieherinnen der Modelleinrichtungen suchten in Zusammenarbeit mit Eltern, anderen pädagogischen Fachkräften und durch eigene Beobachtungen nach sogenannten Schlüsselthemen, bearbeiteten diese auf vielfältige Art und dokumentierten ihre Erfahrungen und Erlebnisse. Eine wichtige Grundlage hierfür war die vorausgehende Analyse der Lebenswirklichkeit der Kinder und ihrer Familien.
Auf der Basis der pädagogischen Dokumentationen entstanden die Praxisbücher. Sie wurden mit theoretischen Informationen und methodischen Anregungen ergänzt, sodass jede Erzieherin damit arbeiten kann, mit ihrer Kindergruppe vom Säuglingsalter bis Hortalter, mit ihrem Kolleginnen-Team, mit Eltern oder im Rahmen einer Fortbildung.
Die Konzeption der Praxisbände wurde in Zusammenarbeit mit dem Ravensburger Verlag entwickelt. Die Kapitel der Bücher entsprechen den vier Planungsschritten des Situationsansatzes: Situationen analysieren, Ziele festlegen, Situationen gestalten, Erfahrungen auswerten. Weil die Praxisberichte von Erzieherinnen geschrieben wurden, wendet sich das Buch mit direkter Anrede an die Erzieherinnen, selbstverständlich sind auch alle Erzieher angesprochen. Die Stifte in den Texten markieren Originalbeiträge aus den Praxisdokumentationen. Alle Namen der Kinder und Eltern wurden geändert.
Ergänzend zu den Büchern gibt es eine Materialbox mit praktischen Arbeitshilfen, ein Handbuch mit Grundinformationen des Situationsansatzes und ein Diskussionsspiel für die Teamarbeit nach dem Konzept des Situationsansatzes.
Um die Reformbewegung des Projektes „Kindersituationen" fortzusetzen und andere Reform-Bemühungen zu unterstützen, wurde das Institut für den Situationsansatz gegründet. Weil in der Praxis sicherlich neue Fragen, andere Meinungen und Kritik entstehen werden, bietet sich das Institut für einen Erfahrungsaustausch an. Hier die Adresse:
INA gGmbH c/o Freie Universität Berlin, Fachbereich Erziehungswissenschaften, Prof. Dr. Jürgen Zimmer, Habelschwerdter Allee 45, 14195 Berlin.

Inhaltsverzeichnis

Ich Jury

Moment mal!

• Niko, fünf Jahre, lebt seit zwei Jahren mit seinen Eltern und seiner achtjährigen Schwester Elena in Deutschland. Die ersten drei Lebensjahre hat er bei seinen Großeltern in einem kleinen Fischerdorf in Griechenland verbracht. Seine Eltern arbeiten schon seit sieben Jahren in Deutschland. In Griechenland hatten sie keine Arbeit gefunden. Sie meinten aber, dass es dem Kleinkind bei den Großeltern besser gehen würde, als es hier in eine Krippe zu geben. Als Niko drei war, holten die Eltern ihn zu sich, so wie sie es bereits mit Elena gemacht hatten. In einen deutschen Kindergarten zu gehen – das war etwas anderes. Der deutsche Kindergarten ist weltweit bekannt. Er würde den Kindern gute Bildungschancen geben.
In diesem Sommer waren Niko und seine Familie für vier Wochen zu Hause bei den Großeltern. Zurück im Kindergarten erzählt er stolz, wie schön es in den Ferien war. Jeden Tag im Meer baden, mit seinem Onkel im frühen Morgengrauen hinaus aufs Meer fahren zum Fischen, jeden Abend ein ausgiebiges Essen mit der großen Familie – Niko schwärmt. Jule kann ihn gut verstehen. Auch sie war in den Ferien in Griechenland am Meer und wollte gar nicht mehr zurück. „Warum lebt ihr eigentlich hier?", fragt sie. „In Griechenland ist es doch viel schöner!"

• Viktor, sechs Jahre, ist erst seit einigen Monaten hier. Er kann auch in den Ferien nicht in seine Heimat. In Ruanda herrscht Krieg. Seine Eltern sind mit ihm nach Deutschland geflüchtet und haben Asyl beantragt. Wie lange sie hier bleiben werden, weiß niemand. Manchmal weint Viktor ohne erkennbaren Anlass. Erzieherinnen und Kinder sind ratlos: Hat er Heimweh? Erinnert er sich an etwas Schreckliches? Seine Eltern wollen über ihre Kriegserlebnisse und die Flucht nicht sprechen.

• Nadja, vier Jahre, hat ihre Sommerferien in Amerika verbracht. Seit knapp einem Jahr lebt ihr Vater dort. Als Ingenieur in einem großen internationalen Unternehmen hatte man ihm angeboten, seine beruflichen Erfahrungen und seine Sprachkenntnisse in Amerika zu erweitern. Nadjas Mutter ist Grundschullehrerin. In Amerika hätte sie zunächst keine Arbeitsmöglichkeit, jedenfalls keine, die mit dem sicheren Beamtenverhältnis hier vergleichbar wäre. Schweren Herzens hat die Familie sich entschlossen, eine zeitweilige Trennung in Kauf zu nehmen. Später würde man weiter sehen. Auch Nadja ist manchmal traurig, weil sie ihren Vater jetzt nur noch so selten sieht.

Drei Beispiele von vielen möglichen, warum Menschen aus anderen Nationen bei uns leben, und weshalb

Menschen von hier in andere Länder gehen. Dahinter stehen gesellschaftliche Entwicklungen, auf die der Einzelne nur sehr bedingt Einfluss hat, die aber bis in den Kita-Alltag hineinreichen.

Globalisierung: Der neue Schlüsselbegriff in jeder politischen Debatte verweist darauf, dass angesichts einer immer enger werdenden wirtschaftlichen, ökologischen, sozialen und politischen Verflechtung jede zunächst als innenpolitisch gewertete Entscheidung eines einzelnen Staates Auswirkung auf andere Staaten haben kann. Das verpflichtet dazu, die möglichen Auswirkungen der Entscheidungen im eigenen Land auf andere Länder zu prüfen, Verantwortung zu übernehmen, wo eigene Entscheidungen andere in Abhängigkeiten bringen. Genauso wichtig ist es, umgekehrt wahrzunehmen, wie die eigenen Entscheidungs- und Handlungsmöglichkeiten von den Entscheidungen und Handlungen anderer beeinflusst werden.
Damit sind grundlegende Fragen des interkulturellen Zusammenlebens benannt. Die hier und heute anstehenden Probleme der Bundesrepublik werden ohne Bezug auf die Entwicklungen in anderen Staaten nicht zu lösen sein. Die Weichenstellung für ein vereintes Europa darf dabei den Blick auf die außereuropäischen Staaten und Staatenbündnisse nicht verschließen.

Was hat das mit interkultureller Erziehung in der Kita zu tun?

Die Fähigkeit, sich mit Menschen aus anderen Staaten, aus anderen Kulturen zu verständigen, gegenseitige Abhängigkeiten zu erkennen und anzuerkennen, dabei unterschiedliche Traditionen, Lebensweisen, Religionen zu akzeptieren und zu respektieren, wird zu einer Grundqualifikation, die alle benötigen. Interkulturelle Erziehung spricht damit alle an, nicht nur die, die im unmittelbaren Kontakt mit Menschen aus anderen Nationen zusammenleben.

Die Bildungspolitik der Bundesrepublik in den sechziger Jahren hat Fragen diskutiert, die Ähnlichkeiten zu den heutigen aufweisen. Damals setzte die Bildungsreform zunächst an der allgemein bildenden Schule an. Schnell wurde jedoch klar, wenn es um die Entwicklung von Grundqualifikationen des Lernens geht, sind die frühkindlichen Bildungs- und Erziehungsprozesse von ausschlaggebender Bedeutung. Der Kindergarten trat damit in den Mittelpunkt des Interesses.
Diese Erkenntnis um die Bedeutung frühkindlichen Lernens ist auch heute aktuell. So könnten die Notwendigkeit und die besonderen Möglichkeiten interkulturellen Lernens in der Kita dazu beitragen, dass die vorschulische Erziehung den ihr gebührenden Platz in der Bildungsdebatte behält.

1. Erkunden – Situationen analysieren

Leben in einer multikulturellen Gesellschaft – ist das in Deutschland Zukunft oder bereits Realität?
Westlich der Elbe gibt es in manchen Regionen Kita-Gruppen, in denen der Anteil der nichtdeutschen Kinder den der deutschen bei weitem überwiegt. Klar, dass interkulturelle Erziehung hier ein Thema ist und das nicht erst seit heute. Im Osten Deutschlands, vor allem in ländlichen Gebieten, sind ausländische Kinder in Kitas eher die Ausnahme.
Müssen sich nur diejenigen mit Fragen des Zusammenlebens von Menschen aus unterschiedlichen Kulturen befassen, denen in Kita oder Schule, am Arbeitsplatz oder in der Nachbarschaft Menschen aus anderen Nationen alltäglich begegnen?

In den Medien häufen sich alarmierende Nachrichten über ausländerfeindliche, rassistische Übergriffe. Die Opfer sind Bewohner aus Asylbewerberheimen, ausländische Familien, die in Wohnhäusern leben, die von Deutschen nicht bewohnt werden, Einzelpersonen, die allein durch ihr anderes Aussehen auffallen. Auch Kinder gehören zu den Opfern. Die Täter sind meist junge Männer.
Müssen sich Erzieherinnen damit befassen – oder ist das nicht eher die Sache von Lehrern, Sozialarbeitern in der Jugendarbeit bzw. der Politik und natürlich der Eltern? Und wenn Erzieherinnen sich damit befassen – um welche Fragen geht es? Darum, wie mögliche Opfer geschützt werden können oder auch darum, wie mögliche Taten verhindert werden können?
„Kinder im Kindergartenalter haben keine Vorurteile. Sie gehen unbefangen aufeinander zu. Wenn von ihnen ausländerfeindliche Äußerungen kommen, dann haben sie das von zu Hause mitgebracht. Sie wissen gar nicht, was sie da sagen, und sie meinen das auch nicht so. Das Problem sind die Eltern und nicht die Kinder“, so die Aussage einer Erzieherin.

- Wie entsteht Ausländerfeindlichkeit?
- Haben die Ursachen für Ausländerfeindlichkeit, Rassismus und Rechtsradikalismus überhaupt etwas mit Erziehung zu tun – oder sind sie nicht vielmehr in den schlechter werdenden ökonomischen und sozialen Verhältnissen zu suchen, in Bereichen also, auf die Erziehung keinen Einfluss hat?
- Welche Vorerfahrungen haben Erzieherinnen, haben Eltern im Zusammenleben mit Ausländern?
- Welche Grundeinstellungen haben sich darüber ausgeprägt?
- Welche Hintergrundinformationen sind hilfreich, um diese Einstellungen zu überprüfen?

Viele Fragen sind aufgeworfen – dieses Kapitel geht ihnen nach.

Ausländische Kinder in der Kita

Im Westen alles bestens?

In den westlichen Bundesländern scheint das Zusammenleben von deutschen und nichtdeutschen Kindern in Kindertageseinrichtungen seit den siebziger Jahren zu einer Selbstverständlichkeit geworden zu sein. Zunächst in den Großstädten, im Verlauf der achtziger Jahre auch zunehmend in den kleineren Städten und auf dem Land wurde es zur Regel, dass Kinder verschiedener Nationalitäten in einer Kindergruppe zusammenleben.
„Für uns ist das ganz normal - es fällt uns gar nicht mehr auf. Mit den Kindern haben wir keine Probleme und auch die Kinder untereinander kommen prima klar. Höchstens mit den Eltern gibt es hin und wieder Schwierigkeiten, aber die gibt es mit den deutschen Eltern ja auch", so eine Erzieherin aus einer Kleinstadt Nähe Frankfurt am Main.
Unterstützt durch Modellversuche, Fortbildung und Fachberatung waren viele Erzieherinnen mit Fragen interkultureller Erziehung in Berührung gekommen.
„Moslemische Kinder müssen bei uns kein Schweinefleisch essen, wir nehmen Rücksicht auf den Ramadan und feiern auch das Zuckerfest."

Im Osten waren Kontakte zu Ausländern selten

In der DDR waren dagegen Kinder aus anderen Nationen in Krippen und Kindergärten eher selten. Ausnahmen galten als Privileg. Berlin-Pankow zum Beispiel beherbergte die Diplomatenfamilien der sozialistischen Welt. Ihre Kinder in der Krippe, im Kindergarten zu haben, war eine Ehre und rief bei den Erzieherinnen eher ein Gefühl von Weltoffenheit und Weitläufigkeit als das einer zusätzlichen Belastung hervor. In den Universitätsstädten lebten Studenten aus osteuropäischen und afrikanischen Staaten. Wenn sie Kinder hatten, gingen diese gemeinsam mit den deutschen Kindern in die örtlichen Kindereinrichtungen.

Hier gab es also alltägliche Kontakte. Kinder von in der DDR lebenden Arbeitern aus befreundeten Staaten waren dagegen in den Krippen, Kindergärten und Schulen unbekannt. Arbeiter aus anderen Staaten lebten eher isoliert von der einheimischen Bevölkerung in eigens hergerichteten Unterkünften. Sie mussten in der Regel zurück in ihr Heimatland, wenn sie eine Familie gründen und Kinder bekommen wollten.
Kontakte zu Menschen aus anderen Kulturen waren also rar, und für DDR-Normalbürger waren Auslandsreisen nur in einige sozialistische Länder möglich. Somit gab es nur wenige Möglichkeiten, andere Kulturen in anderen Ländern kennen zu lernen.
Mit der Vereinigung beider deutscher Staaten, der Auflösung der Sowjetunion und den damit einhergehenden Umwälzungen im weltpolitischen Geschehen änderte sich nicht nur das:

• Viele Menschen aus den neuen Bundesländern konnten nun Urlaub im Ausland machen, wie es die Westdeutschen seit Jahrzehnten taten. Sie konnten nun auch andere Kulturen in anderen Ländern kennen lernen.
• Aus Osteuropa kamen jedes Jahr mehr als eine halbe Million deutschstämmige Menschen in die Bundesrepublik, darunter viele junge Familien mit Kindern.
• Der Krieg im ehemaligen Jugoslawien zwang Tausende zur Flucht. Auch die Zahl der Asylbewerber aus anderen Krisengebieten der Welt stieg an.
• Seit 1991 müssen alle Bundesländer einen nach Quoten festgelegten Anteil von Kriegsflüchtlingen, Asylsuchenden und Aussiedlern aufnehmen.
• Mit der Übernahme zahlreicher ostdeutscher Betriebe durch westdeutsche oder andere westeuropäische Firmen übersiedelten Familien aus verschiedensten Nationen in die neuen Länder.
• Die Pizzeria, das italienische Eiscafé, das griechische oder chinesische Restaurant, der Döner-Stand - sie gehören heute zum Alltagsbild einer ostdeutschen wie einer westdeutschen Stadt.

Nähern sich west- und ostdeutsche Situationen also einander an? Oder anders gefragt: Passen sich die ostdeutschen Verhältnisse an die westdeutschen an? Dann könnte man die Erfahrungen aus dem Westen auf den Osten übertragen - oder?
Der Anteil der Ausländer der in Deutschland lebenden Bevölkerung beträgt gegenwärtig ca. acht Prozent. In den westdeutschen Ländern sind ca. zwölf Prozent der Bevölkerung nichtdeutscher Staatsangehörigkeit; in den ostdeutschen ist es nur knapp ein Prozent.

Ist interkulturelles Leben ein Thema im Osten?

Rein zahlenmäßig betrachtet sind die Unterschiede zwischen West und Ost also noch beträchtlich. Ist interkultu relles Zusammenleben dann überhaupt ein relevantes Thema im Osten? Und sind es im Westen die gleichen Fragen, die sich stellen wie vor zehn oder zwanzig Jahren?

Ausländer ist nicht gleich Ausländer

Wer ist ein „richtiger“ Ausländer?

Ausländer, die gar keine sind

Es gibt Ausländer, die als solche gar nicht erkannt werden. Ein Norddeutscher wird einen Österreicher möglicherweise für einen Bayern halten. Es kann sein, dass er ihn in seinem Weltbild als Deutschen vereinnahmt. Gut möglich, dass der Österreicher ihn dafür verurteilt. Viele Österreicher grenzen sich vehement gegen die Deutschen ab – sie wissen um die Vereinnahmung ihres Staates durch das Naziregime und möchten auf keinen Fall mit den Deutschen in einen Topf geworfen werden.

Ausländer, die so sind wie wir

Im Westen Deutschlands gelten Menschen zum Beispiel aus Frankreich, Großbritannien, Belgien, Niederlanden oder den skandinavischen Staaten vielfach nicht als „richtige“ Ausländer. Zwar sprechen sie eine andere Muttersprache und ihr Deutsch hat einen spezifischen Akzent; ihre kulturellen und religiösen Orientierungen, ihre Wertvorstellungen, ihre familialen Gefüge ähneln jedoch den hier akzeptierten. Und wenn sie in Deutschland leben, dann üben sie zumeist einen auf der sozialen Leiter anerkannten Beruf aus. Ihre Integration in die deutsche Gesellschaft scheint keiner besonderer Bemühungen zu bedürfen. Sie bereiten keine Schwierigkeiten und

wenn Probleme auftauchen, dann lösen sie sie selbst.

Türken und andere

Mit den Süd- beziehungsweise Südosteuropäern sieht das schon anders aus. Die Türkei, Griechenland, Italien, Spanien und Portugal gehören zu den Ländern, aus denen die Bundesrepublik in den sechziger und Anfang der siebziger Jahre vor allem Gastarbeiter angeworben hat. In den Zeiten des expandierenden Wirtschaftswachstums benötigte die westdeutsche Industrie Arbeitskräfte. In den armen aber bevölkerungsreichen Ländern Süd- und Südosteuropas waren sie leicht zu finden. Mit dem viel zitierten Satz „Arbeitskräfte wurden gerufen – aber es kamen Menschen" wird ausgedrückt, dass die zunächst rein ökonomisch bedingte Zuwanderung entscheidenden Einfluss auf das gesamte politisch-soziale Gefüge in der Bundesrepublik hatte. Nachdem die in der ersten Welle hier

Arbeitskräfte wurden gerufen – aber es kamen Menschen

angekommenen fast ausschließlich männlichen „Arbeitskräfte“ ihre Familien nachgeholt hatten, bekamen Fragen der Bildung und Erziehung von ausländischen Kindern aus diesen Herkunftsländern in Kitas und Schulen eine hohe Relevanz. Inzwischen wachsen die Kinder der dritten Generation hier auf. Ist ihre Integration gelungen?

Die anderen Deutschen

Schon seit Beginn der achtziger Jahre kommen Aussiedler aus Polen nach Deutschland und seit Auflösung der Sowjetunion verstärkt Aussiedler aus den ehemaligen sowjetischen Staaten. Zum Teil lebten die Familien der aus Russland kommenden Aussiedler schon seit über 200 Jahren dort. Sie waren zu Zeiten des Zarismus als angesehene Fachkräfte angeworben worden.

Vor 200 Jahren gingen viele Deutsche nach Russland

Der größte Teil der Familien der jetzigen Aussiedler wurde unmittelbar nach dem Zweiten Weltkrieg aus ihren angestammten Gebieten vertrieben und in bestimmten Regionen Osteuropas oder Zentralasiens zwangsangesiedelt. Als Angehörige der kriegsverursachenden deutschen Nation waren sie dort zunächst Repressionen ausgesetzt, als Arbeitskräfte aber gebraucht. Deutsche Kultur und christliche Religion durfte nur im privaten Rahmen, in der Familie, praktiziert werden. Die Kinder mussten die nationalen Kindergärten und Schulen besuchen und dort die Landessprache sprechen. Deutsch konnte nur in den Familien gesprochen werden. Im Laufe der

Jahre sicherten sie sich zunehmend Existenz und Status, die Repressionen nahmen in den meisten Regionen ab. Viele der jetzt übergesiedelten Menschen berichten jedoch, dass die Diskriminierungen nie ganz verschwanden. Um sich davor zu schützen, haben sie enge Verbindung zu anderen deutschstämmigen Familien in der Region aufgebaut und gepflegt. Für die meisten älteren Aussiedler ist der Wunsch, wieder in Deutschland zu leben, das ausschlaggebende Motiv für Aussiedlung gewesen; für jüngere standen eher wirtschaftliche Gründe im Vordergrund. Doch alle kamen in dem Bewusstsein, als Deutsche in Deutschland leben zu wollen, mussten aber hier die Erfahrung machen, dass sie als Fremde wahrgenommen werden. Ihr Bild von Deutschland entspricht häufig nicht der hier angetroffenen Realität.

Kinder und Jugendliche sind an der Entscheidung zur Aussiedlung meist nicht beteiligt gewesen. Sie fühlen sich, anders als ihre Eltern oder Großeltern, nicht als Deutsche, sondern als Angehörige des Landes, in dem sie groß geworden sind. Ihre Deutschkenntnisse sind oft nur sehr gering.

Asylbewerber und Flüchtlinge

Laut Artikel 16 des Grundgesetzes bietet die Bundesrepublik politisch Verfolgten Asyl. Als politisch verfolgt gilt nach § 51 des Ausländergesetzes, wer bei einer Abschiebung in sein Heimatland wegen seiner Rasse, Religion, Staatsangehörigkeit, seiner

Artikel 16 GG, Abs. 2, Satz 2: „Politisch Verfolgte genießen Asylrecht."

Zugehörigkeit zu einer bestimmten sozialen Gruppe oder wegen seiner politischen Überzeugung in seinem Leben oder seiner Freiheit bedroht ist.
Seit 1990 stieg die Zahl der Asylsuchenden in der Bundesrepublik, aber auch im übrigen Westeuropa an. Pro Jahr suchen rund 200.000 bis 250.000 Menschen Asyl in Deutschland. Der überwiegende Anteil kommt aus osteuropäischen Staaten, bis 1995 waren es hauptsächlich Menschen aus dem ehemaligen Jugoslawien. Zum Vergleich: Nach Angaben des Hohen Flüchtlingskommissars der Vereinten Nationen gibt es weltweit derzeit ca. 15 Millionen Flüchtlinge, die meisten aus den so genannten Dritte-Welt-Staaten. Nur die Wenigsten von ihnen (knapp zehn Prozent) suchen Asyl in Westeuropa. 80 Prozent der Flüchtlinge aus Dritte-Welt-Staaten erhalten dagegen Asyl in benachbarten Ländern, die selbst als Armutsstaaten gelten; weitere zehn Prozent flüchten in andere Kontinente.
Von den in Deutschland Asylsuchenden erhalten nur zwischen fünf und zehn Prozent tatsächlich Asyl. Die Übrigen werden in ihre Heimatländer oder in so genannte sichere Drittstaaten abgeschoben. Für die Dauer der Prüfung ihres Asylgesuches erhalten Asylbewerber eine befristete Aufenthaltsgestattung. Ihr Aufenthalt ist räumlich auf die Region der ihnen zugewiesenen Aufnahmeeinrichtung (Asylbewerberheim) begrenzt.
Kinder von Asylbewerbern, die nicht nur vorübergehend hier leben (als vorübergehend gilt ein Zeitraum von etwa sechs bis acht Wochen), haben Anspruch auf Leistungen nach dem Kinder- und Jugendhilfegesetz (KJHG). Damit haben sie prinzipiell auch das Recht auf einen Kita-Platz. In der Regel gibt es jedoch in den Asylbewerberheimen eigene Kinderbetreuungseinrichtungen, Kita-Plätze werden nur in Einzelfällen nachgefragt.

Weltweit gibt es 15 Millionen Flüchtlinge. Nur die Wenigsten suchen Asyl in Westeuropa

Das Feindbild Ausländer

In der alten Bundesrepublik war es in den achtziger Jahren verhältnismäßig ruhig geworden um die Fragen des Zusammenlebens mit Ausländern.
Die hier in der zweiten oder dritten Generation lebenden Familien der Migranten aus den sechziger Jahren schienen sich mehr oder weniger an die deutschen Lebensverhältnisse angepasst und die deutsche Bevölkerung schien ihre Anwesenheit akzeptiert zu haben.
Nach der Wende, konkret seit dem Überfall einer Gruppe rechtsradikaler Jugendlicher und Skinheads auf das Asylbewerberheim in Hoyerswerda im September 1991, ging das Bild vom hässlichen Deutschen wieder um. Die Tat blieb keine Einzeltat; in Ost wie West folgte eine ganze Kette von brutalsten Übergriffen auf Ausländer. Brandanschläge mit Todesfolgen auf Asylbewerberheime, aber auch auf Wohnhäuser und Geschäftsräume von Türken, Morde und Totschlag auf offener Straße, Ausländer, die in öffentlichen Verkehrsmitteln lebensgefährlich zusammengeschla-

Das Bild vom hässlichen Deutschen geht wieder um

Ausländer, die willkommenen Sündenböcke?

gen werden, ohne dass die Mitreisenden einschritten - wie ist das zu erklären?
Der iranische Schriftsteller und Journalist Bahman Nirumand versucht es. Für ihn sind die zum Teil bis zum gegenseitigen Hass gesteigerten Spannungen zwischen West- und Ostdeutschen eine der wesentlichen Ursachen. Die Ausländer sind zu willkommenen Sündenböcken geworden, weil die Deutschen mit ihrer gemeinsamen, dann getrennten und nun wieder gemeinsamen Geschichte nicht klar kommen.

„Aus achtzig Millionen Menschen im Herzen Europas ein Land, ein Volk, eine Nation, eine Identität zu formen, schien mir kein leichtes Unterfangen zu sein; ich meine es nicht nur ökonomisch. Es ist eben ungeheuer schwierig, und es bedarf eines Salto mortale, wenn die Aufhebung der Spaltung zu einer neuen, gemeinsamen Identität führen soll. Denn diese Identität steht zwangsläufig auf einem bebenden, durchlöcherten historischen Boden, auf dem Boden der Geschichte, deren bestimmte Phasen man nicht rühmen kann und häufig nicht einmal wahrhaben will. Wie soll der Stolz begründet werden, wie der freie und unbeschwerte Gang in die Zukunft vonstatten gehen, wenn so schwere Klötze wie Faschismus und Stalinismus an den Beinen hängen. ... Es ist schon eigenartig und für mich ein unlösbarer Widerspruch, dass die Deutschen mit einer ihnen eigentümlichen Gründlichkeit alles und jedes problematisieren, über alles reflektieren, es bis ins kleinste Detail sezieren, auch oft sich

selbst, ihre eigene Psyche, ihre Seele unter die Lupe nehmen, ja sogar Gefühle wie Liebe, die keiner Begründung bedürfen, durch endlose Diskussionen zu erforschen versuchen, ihre Geschichte aber mit derselben Gründlichkeit verdrängen" (Nirumand 1995, S. 8–9).

Eben diese Verdrängung der Geschichte führe dazu, dass das „typisch Deutsche" zum Mittelpunkt wird, auch dann, wenn viele sich davon distanzieren wollen. Alles rational und zeiteffektiv organisieren wollen, Prinzipien haben, einen perfekten Lebensplan entwerfen, genau und korrekt sein, alles ordnen – das sind für ihn solche typisch deutschen Eigenschaften. Auch wenn nicht alle Deutschen so seien, es viele Gruppierungen gäbe, die sich davon absetzen wollten, so seien sie doch gegen diese typisch deutsche Normalität machtlos.

„Tatsächlich gelingt es in der Bundesrepublik einem Außenseiter höchst selten, die Stufenleiter der Macht zu erklimmen …

Je biederer und langweiliger ein Politiker ist, je harmloser er seine Vorstellungen und Zielsetzungen formuliert, je weniger er sich traut ‚aus der Reihe zu tanzen', gegen den allgemeinen Strom zu schwimmen, desto größer seine Chance, die Hürden der Macht zu überwinden" (S. 10).

In Zeiten ökonomischer und politischer Unsicherheiten werde an dieser Normalität besonders rigide festgehalten und verstärkt nach staatlicher Autorität zu ihrer Aufrechterhaltung verlangt. Die Bedrohung der Normalität wird dann nicht in der eigenen Geschichte, im eigenen Handeln oder Unterlassen gesehen; sie wird vielmehr nach außen verlagert.

Die Bedrohung der Normalität wird nach außen verlagert

„Das Böse, das sind jetzt die Fremden, ‚die unter uns leben und uns durchrassen', das sind die Ausländer, die Flüchtlinge, die ‚Scheinasylanten'. … Doch im Grunde gelten die Prügel, die auf Schwarzhaarige und Dunkelhäutige niedergehen, … der Unfähigkeit, eigene Sehnsüchte, etwa die Sehnsucht nach einer nationalen Identität zu erfüllen. Hier reichen sich die Ossis und Wessis die Hände" (S. 11).

Die Verdrängung der Geschichte

Sozialneid

Wenn die eigene ökonomische Existenz unsicher und bezahlbarer Wohnraum knapp wird, wenn Ausbildungsplätze für Jugendliche nicht ausreichen und mehr als vier Millionen Arbeitslose von immer weniger Arbeitslosen- und Sozialhilfe leben müssen – ist es dann nicht verständlich, wenn Sozialleistungen, die an Ausländer gezahlt werden, Neid und Ablehnung hervorrufen? Hier tut Aufklärung Not, die in der Presse üblicherweise nicht zu finden ist.

So hat das Rheinisch-Westfälische Institut fur Wirtschaftsforschung in einer Studie berechnet, was zugewanderte Ausländer und Aussiedler den Staat kosten und was sie im Gegenzug einbringen. Das Ergebnis dürfte die meisten erstaunen. Bezogen auf die Jahre 1988 bis 1991 stehen Aus-

Die Ausländer nehmen den Deutschen Arbeitsplätze weg

gaben für Starthilfen und Sozialleistungen in Höhe von ca. 16 Milliarden DM Mehreinnahmen aus Steuern und Sozialabgaben von ca. 38 Milliarden DM gegenüber.
Auch das so häufig geäußerte Argument, dass die Ausländer den Deutschen die Arbeitsplätze wegnähmen, hält einer genaueren Prüfung nicht stand. Die meisten Zuwanderer nehmen Arbeitsplätze als ungelernte oder angelernte Arbeiter ein, zumeist in den Berufsbereichen, für die deutsche Arbeitskräfte nicht gewonnen werden konnten. Hierzu zählen Arbeiten mit schwerer körperlicher Belastung, zum Beispiel im Straßenbau und bei der Müllabfuhr. Ausländische Frauen arbeiten häufig in der Kranken- und Altenpflege – beides Bereiche, in denen seit Jahren Engpässe bestehen. Deutlich angestiegen ist auch der Anteil der Ausländer, die sich selbstständig gemacht haben. Gastronomie und Handwerk, zum Beispiel Änderungsschneidereien, sind hier die bevorzugten Bereiche. Hier konnten sich Ausländer ihre Arbeitsplätze auch deshalb selbst schaffen, weil Deutsche dies nicht taten, sondern lieber ihnen zustehende Sozialleistungen ausschöpften.

Angst vor dem Fremden – Angst vor dem Selbst

Angst vor unbekannten Situationen und vor fremden Menschen kennt jeder. Wir empfinden sie häufig als Prüfungsangst. Werde ich mich in der fremden Stadt zurechtfinden? Werde ich von den mir fremden Menschen, zum Beispiel neuen Arbeitskolleginnen oder Vorgesetzten, der Familie meines Freundes oder meiner Freundin akzeptiert? Kann und will ich die in mich gesetzten Erwartungen erfüllen? Oder muss ich mich abgrenzen, um meine Identität zu wahren, mir treu zu bleiben? Werden die anderen, die Fremden, mir offen gegenübertreten oder will man mich aufs Glatteis führen?

Realangst

Angst ist normal

Angst ist hier ganz normal. Sie hat Schutzfunktion für das Ich. Angst führt dazu, dass ich mich auf unbekanntem Terrain vorsichtig bewege, genau beobachte, mich nicht zu weit vorwage, bevor ich eventuelle Reaktionen anderer oder Konsequenzen meines Tuns einschätzen kann. Vielleicht führt sie auch dazu, dass ich mir Hilfe hole bei Menschen, die mit der mir unbekannten Situation bereits vertraut sind, oder bei Ratgebern, die mir Orientierungen geben können.
Menschen, die diese Angst bei sich

nicht zulassen, die in unbewusster Selbstüberschätzung jede Situation zu beherrschen glauben, laufen Gefahr, die anderen zu dominieren. Ihre Beobachtungsfähigkeit für Neues ist eingeschränkt, weil ihnen die Vorsicht und damit auch die Rücksicht auf das Andere fehlt.

Hans-Joachim Maaz nennt diese normale Angst vor dem Fremden Realangst und unterscheidet sie von der latenten Angst, der verborgenen, versteckten Angst. Menschen mit einer einigermaßen stabilen Identitätsentwicklung können mit der Realangst meist angemessen umgehen. Je nach Art der Vorerfahrungen werden sie mit dem Fremden oder den Fremden mehr oder weniger schnell vertraut. Sie spüren schon intuitiv, ob und wann sie in der neuen Situation klarkommen werden oder ob weiterhin Vorsicht angebracht ist.

Strafangst ist Resultat autoriärer Erziehung

Latente Angst

Mit latenter Angst bezeichnet Maaz dagegen einen seelischen „Zustand von Ängstlichkeit und Unsicherheit, der uns meist nicht ohne Weiteres bewusst ist“ (Maaz 1995, S. 4). Die Entstehung der latenten Angst sieht er in einer entfremdenden, autoritären Erziehung begründet. Wenn Normen nicht mit den Kindern und Jugendlichen ausgehandelt, sondern von außen gesetzt werden, dann wird das eigene Handeln und Verhalten immer an den Erwartungen der anderen, der Normgebenden gemessen und nicht an eigenen, mit anderen ausbalancierten Wertmaßstäben. „Das Ergebnis dieser Beurteilung ist mit ziemlicher Sicherheit, dass ich sie (die Normen) nicht oder nur unzureichend erfülle. Das macht Unsicherheit, Schuldgefühle, letztlich Angst – zumeist Strafangst. … Diese ständig

vorhandene Angst … halten wir mit großem Aufwand in der Verdrängung, um sie nicht fühlen zu müssen“ (S. 4).
Im Kontakt mit fremden Menschen, die andere Normen verinnerlicht haben als die, mit denen ich erzogen wurde, begegnen mir eventuell Verhaltensweisen, die mir verboten waren, die ich mühsam unterdrückt habe. Das ist Bedrohung und macht Angst und zwar umso mehr, je mehr Energie ich für die Unterdrückung des Verbotenen aufbringen musste. Maaz kommt zu dem Schluss: „Wenn wir also unsere latente Angst vor dem Fremden verringern wollen, müssen wir unser eigenes Fremdes – genauer gesagt: was uns fremd geworden ist – erkennen. … Das sind in der Regel die Pole der menschlichen Natur, die unsere Gesellschaft negativ bewertet – die aber in jedem von uns auch vorhanden sind: Ich möchte auch faul sein können, feige, ‚unanständig', unbescheiden. Aber diese Anteile meiner Persönlichkeit sind mir durch Strafe und Angst abhanden gekommen, entfremdet worden. Wenn ich sie wiedererlangen will, muss ich mich mit dieser Angst auseinander setzen. … Wenn ich das Fremde wirklich akzeptieren will, dann muss ich zunächst Schmerz erleiden. Ich kann fremde Menschen, fremde Situationen nicht einfach per Beschluss akzeptieren. … Erst die Arbeit mit den eigenen fremd gewordenen Anteilen, die Trauer über das, was ich nie leben durfte, macht mich frei für eine gesunde Neugier auf das Fremde in anderen Menschen“ (S. 4).

Angst vor dem Fremden ist nicht gleich Fremdenfeindlichkeit

Angst vor dem Fremden ist demnach nicht per se auch Ursache von Fremdenfeindlichkeit. Es ist zu unterscheiden, um welche Art von Angst es sich handelt. Die Angst vor einer übermächtigen, strafenden Autorität oder die Angst, die in unbekannten Situationen zur Vor- und Rücksicht führt. Auseinandersetzung mit dem Fremden erfordert zuallererst Auseinandersetzung mit sich selbst und damit auch mit denen, die mir am nächsten stehen: den eigenen Eltern, den Geschwistern, den Erziehern und Lehrern, den Nachbarn, die das eigene Leben geprägt haben;

Auseinandersetzung mit dem Fremden erfordert Auseinandersetzung mit sich selbst

letztendlich die Auseinandersetzung mit Geschichte, so wie sie Bahman Nirumand im vorigen Abschnitt gefordert hat.

Es hilft weiter, eigene Ängste und Vorurteile auszusprechen

Nun mag der Eindruck entstehen, als müssten wir alle erst eine Therapie machen, bevor wir uns ernsthaft mit Fragen der interkulturellen Erziehung befassen können. Das ist hier nicht gemeint. Es geht darum, sensibel zu werden für die möglichen eigenen Anteile bei der Abwehr von Fremden. Und es geht darum, das eigene Erziehungsverhalten daraufhin zu überprüfen, wie Ängste von Kindern wahrgenommen werden und wie wir mit ihnen umgehen.

Dabei hilft es einen großen Schritt weiter, eigene Ängste und Vorurteile aussprechen zu können. Das ist nicht einfach und gelingt manchmal nur auf Umwegen, setzt jedoch keine Therapie voraus.

So ist es den Erzieherinnen in unserer Entwicklungsgruppe zunächst leichter gefallen, sich über die Abwehr und Vorurteile von Eltern auszutauschen, als die eigenen Ängste und Vorurteile zu thematisieren. Diese zu erkennen und zuzulassen gelang erst später (vgl. Kapitel vier „Nachdenken“).

Kinder und das Fremde

Toleranz gegenüber Fremden bei Kindern zu fördern heißt, sich an einem prinzipiellen Menschenrecht zu orientieren: Jede Person hat ein Recht auf Akzeptanz und Respekt, unabhängig von ihrer Herkunft, ihrer Hautfarbe, ihres Geschlechts und unabhängig davon, ob sie behindert oder sonst irgendwie anders ist. Vorurteile stehen dem im Wege.

„Die Entstehung von Vorurteilen hat ihre Wurzeln in Gruppenbeziehungen, sie werden von klein auf von Kindern in der eigenen Gruppe (Familie, Kindergarten, Kindergruppe etc.) gelernt. In erster Linie werden diese Vorurteile von den unmittelbar bekannten Erwachsenen übernommen. Schon die einfachsten Unterscheidungen und Zuordnungen werden von den Kindern bereits mit emotionalen Wertungen besetzt. So äußerten sich z. B. einige Kinder über Kinder anderer Nationalitäten: ‚Mit türkischen Kindern spiele ich nicht!' Nach der Frage: Warum nicht?, antworteten sie: ‚Weil ich sie nicht mag, weil sie schmutzig sind usw.' Diese Begründungen drücken affektive Ablehnung aus. Dabei assoziieren die Kinder diese Ablehnungen nicht mit sozialen Vorurteilen, sondern sie wiederholen nur das, was sie von ihren unmittelbar bekannten Bezugspersonen, ihren gleichaltrigen Freunden, Nachbarn etc. hören" (RAA, o. J. S. 15).

Aus- und Abgrenzungsprozesse gehören zur kindlichen Identitätsentwicklung genauso wie das Erkennen von Gemeinsamkeiten. Sich seiner Individualität, seiner Einzigartigkeit und Unverwechselbarkeit bewusst zu werden, benötigt Abgrenzung von anderen. Sich in seiner Soziabilität zu erfahren, zu erleben, Mitglied einer Gemeinschaft zu sein, benötigt die Erfahrung von Gemeinsamem in einer vertrauten Umgebung. Individualität und Soziabilität in Balance zu halten, ist eine ständige Aufgabe.

Aus- und Abgrenzung gehören zur kindlichen Entwicklung

Von gut gemeinten Sätzen und ihren ungewollten Folgen

Erziehung kann nicht perfekt sein

Mit zunehmendem Alter muss das Kind seine individuellen Bedürfnisse mehr und mehr mit den sozialen Erwartungen seiner Umwelt in Einklang bringen. Entscheidend für die Herausbildung von Ich-Stärke, von Autonomie, ist hierbei, wie die sozialen Erwartungen an das Kind herangetragen und wie sie durchgesetzt werden. Lassen sie ausreichend Raum für die Befriedigung der individuellen Bedürfnisse oder werden sie in Form strenger Normen, mit Drohungen und Strafe durchgesetzt? Letzteres verletzt die Individualität, verunsichert und erzeugt die von Maaz so bezeichnete latente Angst. Können Kinder dagegen die Erfahrung machen, dass Normen und Regeln ausgehandelt werden können, veränderbar sind, dass sie ihre individuellen Bedürfnisse nicht unterdrücken, sondern ihre Befriedigung vielmehr absichern helfen, gewinnen sie Selbstvertrauen ebenso wie Vertrauen in ihre soziale Umgebung.
Nun können Erziehungsprozesse weder in der Familie noch in der Kita perfekt sein. Neben den vertrauensbildenden Erfahrungen werden Kinder immer auch Erfahrungen machen, die Misstrauen und damit auch Angst hervorrufen. Das ist nicht schlimm, wenn Kinder damit nicht allein gelassen werden, wenn sie auch die Erfahrung machen, dass sie Ängste und Misstrauen überwinden und dabei Hilfe beanspruchen können.
Die Begegnung mit Fremdem kann Auslöser für Misstrauen und Angst sein. Wenn das Fremde mit eigenen Vorerfahrungen nicht in Verbindung gebracht werden kann, wird es Verunsicherung hervorrufen. Ob diese zur Ausgrenzung des Fremden oder zum Streben nach neuer Sicherheit führt, in die das Fremde integriert ist, wird wesentlich davon abhängen, ob ein Klima herrscht, in dem Misstrauen und Angst zugelassen oder abgewehrt werden. Gut gemeinte Sätze wie: „Du brauchst doch keine Angst haben“, oder „Da passiert dir doch gar nichts“, nehmen kindliche Ängste nicht ernst, sondern wehren sie ab. Sie fördern das Selbstvertrauen nicht, sondern erschüttern es eher. Besser ist zu sagen: „Ich habe auch manchmal Angst. Wenn du Angst hast, kannst du jederzeit zu mir kommen. Bestimmt finden wir eine Möglichkeit, die dir hilft.“
Kinder in ihrem Selbstvertrauen zu stärken, macht ihnen Mut, sich auf Fremdes, Unbekanntes neugierig zu zu bewegen. Gerade im Kindergartenalter sind sie dann mit ihrem Bestreben, ihre Handlungsspielräume ständig zu erweitern, sehr bereit, Neues kennen zu lernen. Die Begegnung mit Menschen aus anderen Kulturen, die anders aussehen, die anderes und vielleicht auch anders essen, die sich anders kleiden, wird von ihnen so als Bereicherung erlebt.

Beobachtungen von Erzieherinnen zeigen, dass Kinder solche neuen Eindrücke und Erfahrungen mit Begeisterung und Faszination in ihre Spiele einbauen.

2. Entscheiden – Ziele festlegen

Angesichts der zahlreichen brutalen Angriffe auf Ausländer und den sich darin abbildenden tief greifenden sozialen Spannungen im Lande haben Erzieherinnen sich gefragt, welche Verantwortung ihnen hierbei zukommt. Die einhellige Ablehnung von Gewalt, das Entsetzen über die menschenverachtende Kaltblütigkeit der Täter paarte sich mit Ohnmachtsgefühlen.

Die vorangegangene Situationsanalyse hatte nachdenklich gemacht. „Wir alle wollen tolerant sein, niemand will ausländerfeindlich sein." Es war aber auch deutlich geworden, dass spontane Einigkeit in der Verurteilung der Taten und Täter die Gefahr birgt, das Problem von sich zu schieben und eigene Widersprüchlichkeiten nicht zuzugeben. Es kann sogar dazu führen, Fragen eher zuzudecken als offen zu legen.

- Sind Erzieherinnen schon von Berufs wegen gegen Intoleranz und Vorurteile gefeit, weil die Förderung von sozialer Verantwortlichkeit, gegenseitiger Rücksichtnahme und die Fähigkeit, Konflikte auf friedlichem Wege zu lösen, ganz oben auf der Liste der allgemeinen Erziehungsziele stehen – neben der Förderung der Selbstständigkeitsentwicklung?
- Was ist mit der eigenen Haltung gegenüber Ausländern?
- Gilt das Menschenrecht „Alle Menschen sind gleich" ohne Wenn und Aber?
- Wo sind die Grenzen der eigenen Toleranz? Darf ich die überhaupt haben oder muss ich als Pädgogin grenzenlos tolerant sein?
- „Die Berichte über die Ausländermafia beunruhigen auch mich, und da auch mein Arbeitsplatz akut gefährdet ist, kann ich das Argument, dass die Ausländer uns die Arbeitsplätze wegnehmen, nachvollziehen. Beeinflusst das meine Haltung gegenüber ausländischen Eltern?"

Nicht alle Fragen, die das Zusammenleben mit Menschen aus anderen Kulturen aufwirft, können über Erziehung, über individuelle Veränderungen bearbeitet oder gar gelöst werden. Arbeitslosigkeit, inhumane Abschiebungen von Asylbewerbern zum Beispiel – hier müssen Politik und Ökonomie in die Verantwortung gehen.

Und noch eine andere Dimension war deutlich geworden: Interkulturelles Leben in der Kindertagesstätte hat nicht immer mit Problemen zu tun. Ausländische Kinder, ausländische Eltern oder Gäste aus anderen Nationen machen das Leben bunter. Sie können eine Fülle an Erfahrungen, Kenntnissen und Fähigkeiten mitbringen, die zu erkunden Spaß machen und die den eigenen Horizont erweitern.

Einordnen – unterordnen oder was bedeutet Integration?

Was normal ist, bestimmen wir

„Ich habe nichts gegen Ausländer, solange sie sich an unsere Regeln halten. Wenn wir ins Ausland fahren, dann müssen wir uns auch an die dort herrschenden Gewohnheiten anpassen. Nichts anderes verlange ich von den hier lebenden Ausländern“, so die Äußerung einer Mutter.

Die Ausländerpolitik und -pädagogik der sechziger und frühen siebziger Jahre in den alten Bundesländern folgte diesem Argument. Den zugewanderten Gastarbeitern bot man Eingliederungskurse, in denen sie sich mit den in Deutschland herrschenden Regeln vertraut machen konnten. In Kitas und Schulen lag die Priorität auf der Förderung der deutschen Sprache. An den Inhalten und Strukturen von Kitas und Schulen änderte sich nichts.

Als „Gastgeberland“ stand es für die Deutschen außer Frage, dass sich die „Gäste“, zumal sie zur Erledigung der niederen Aufgaben gerufen waren, unterzuordnen hätten. Integration in diesem Sinne galt als gelungen, wenn sie sich dort, wo sie mit Deutschen zusammenkamen, so verhielten wie die Deutschen. Eine „ausländerpädagogische Maßnahme“ galt als gelungen, wenn die Teilnehmer in den einsprachigen und auf die deutsche Kultur ausgerichteten Ausbildungsstätten erfolgreich bestanden. Kulturelle Eigenheiten wurden dann akzeptiert, wenn sie den Anpassungsprozess nicht wesentlich störten. Ausländisches Essen, Feste und Feiern, ausländische Musik waren als mehr oder weniger exotische Abwechslung durchaus willkommen, solange sie das Gesamtbild der deutschen Kultur nicht infrage stellten.

Resultat dieser Art der Ausländerpolitik und -pädagogik war, dass Ausländer weniger Rechte haben als Inländer. Vor allem die Nicht-Anerkennung des Wahlrechts entzieht ihnen die Möglichkeit, sich an der politischen Gestaltung ihrer Lebensbedingungen aktiv zu beteiligen. Erst seit 1996 vollzieht sich eine allmähliche Veränderung, als einige Bundesländer Ausländern unter bestimmten Voraussetzungen das kommunale Wahlrecht gewährt haben.

Etwa seit Mitte der siebziger Jahre zeichnete sich ein Umdenken ab. Dem auch als Assimilierung bezeichneten Konzept der Ausländerpädagogik wurde das Konzept des interkulturellen Zusammenlebens und der interkulturellen Erziehung entgegengesetzt.

Die Kernthese dieses Konzeptes ist, dass das Zusammenleben von Menschen unterschiedlicher Kulturen und unterschiedlicher Sprachen als nicht mehr umkehrbare gesellschaftliche Realität anerkannt wird.

Der Glaube, dass es damit getan sei, wenn Menschen, die nach Deutschland kommen und hier leben und

arbeiten wollen, sich an die vorgefundenen Gegebenheiten anpassen müssen, ist passé. Nationale Abschottung ist durch die fortschreitende Globalisierung nicht mehr möglich. Internationale Zusammenarbeit ist geboten: in weltwirtschaftlichen Verflechtungen, bei ökologischen, sozialen oder politischen Problemen. Die Fähigkeit zum interkulturellen Zusammenleben meint auch umgekehrt die Fähigkeit des Gastgebers, also hier der Deutschen, sich an andere anzupassen und sich gleichberechtigt mit Menschen aus anderen Kulturen auseinander und zusammen zu setzen. Diese Fähigkeiten werden, wie auch die Fähigkeit zu lebenslangem Lernen, zu Grundqualifikationen für die gegenwärtige und absehbare gesellschaftliche Situation.
Integration in diesem Sinne meint, die unterschiedlichen Kulturen als gleichwertige anzuerkennen. Im Zusammenwirken der verschiedenen Kulturen kann dann eine neue Qualität des Zusammenlebens entstehen – das Zusammenleben in einer multikulturellen Gesellschaft.

Vor jeder Entscheidung um ein pädagogisches Ziel steht für alle die grundsätzliche Frage, ob sie unter Zusammenleben mit Menschen aus anderen Kulturen die Anpassung von Minderheiten an die von einer Mehrheit definierten nationalen Maßstäbe verstehen, oder ob sie bereit sind, die eigenen Maßstäbe in einer von Gleichberechtigung geprägten multikulturellen Begegnung zu prüfen und in ein gemeinsames Neues einzuordnen.

Die Kernthese interkultureller Erziehung: Das Zusammenleben von Menschen aus unterschiedlichen Kulturen ist unumkehrbare Realität

Unterschiede wahrnehmen

Das Zusammenleben in einer Gruppe - interkulturell zusammengesetzt oder nicht - bedeutet, mit Menschen in Kontakt zu sein, die anders sind als man selbst. Darin liegen Chancen und Risiken. Die Andersartigkeit kann die eigene Persönlichkeit ergänzen oder unterdrücken, sie kann neugierig machen oder Angst erzeugen, sie kann provozieren, und das kann sie in stimulierender oder verletzender Weise. Inwieweit die Chancen oder eher die Risiken zum Tragen kommen, hat viel damit zu tun, ob sich die Andersartigen als Gleichwertige begegnen oder ob Andersartigkeit mit unterschiedlicher Wertigkeit verbunden wird. Haben alle in der Gruppe die gleichen Rechte oder gibt es einige, die ausgesprochen oder unausgesprochen mehr oder andere Rechte haben als die anderen? Gibt es für alle die Möglichkeit, sich in ihrer spezifischen Eigenheit zu zeigen, oder müssen sich einige ständig anderen unterordnen, sich zum Teil verleugnen?

Von Chancen und Risiken

Toleranz wird sich dann in selbstverständlicher Weise entwickeln, wenn die Andersartigkeit von allen Mitgliedern der Gruppe als eher ergänzend, interessant und stimulierend empfunden wird. Intoleranz, das Verurteilen und die Abwehr des Andersartigen, wird sich einstellen, wenn andere überwiegend als unterdrückend, angstmachend und verletzend erlebt werden.

In einer Kindergruppe mit 15, 20 oder gar 25 Kindern ist die Beziehungsdynamik zwischen den Kindern für die Erzieherinnen nicht einfach zu überblicken. Je heterogener die Zusammensetzung der Gruppe ist, umso komplexer wird das Beziehungsgefüge der Kinder untereinander. In einer altershomogenen Gruppe sind die Beziehungen vielleicht leichter zu durchschauen als in einer altersgemischten Gruppe; in einer Gruppe mit Kindern, die alle aus ähnlichen sozialen Verhältnissen stammen, vielleicht leichter als in einer Gruppe, in der sich Kinder aus sehr unterschiedlichen sozialen Verhältnissen versammeln; in einer reinen Mädchen- oder Jungengruppe vielleicht einfacher als in gemischtgeschlechtlichen Gruppen.
Um wie viele Anreize und Anregungen wären solche homogenen Gruppen ärmer?

Je heterogener die Gruppen sind, umso schwieriger ist es allerdings, den eigenen Anteil an der Entwicklung dieser Beziehungsdynamiken herauszufinden.
- Welche Unterschiede mache ich als Erzieherin in Bezug auf die Eigenheiten und Andersartigkeiten der Kinder in meiner Gruppe?
- Von welchen Einstellungen lasse ich mich dabei leiten?
- Bevorzuge und unterstütze ich eher die Jungen oder die Mädchen, die Ruhigen oder die Lebhaften, die

Jüngeren oder die Älteren, die Kinder aus „gesicherten" oder die Kinder aus „problematischen" Familien, die deutschen oder die ausländischen Kinder?

- Sind das nicht alles kulturelle Unterschiede?
- Wo sind meine Toleranzgrenzen, was unterdrückt, verunsichert oder verletzt mich?

Die Entscheidung, sich mit diesen, die eigene Person betreffenden Fragen zu befassen, beunruhigte Erzieherinnen, machte aber auch Lust, sich selber besser kennen zu lernen, den unbewussten und möglicherweise von Vorurteilen geprägten Wahrnehmungen und Einschätzungen auf die Spur zu kommen.

Bei der Verständigung über dieses Ziel war wichtig, dass es nicht darum geht, die eigenen Toleranzgrenzen und Vorurteile einfach über Bord zu werfen. Es geht darum, die eigenen Grenzen auszuloten und über den eigenen Schatten nur dann zu springen, wenn ich erwarten kann, nach dem Sprung wieder einigermaßen sicheren Boden unter den Füßen zu finden.

Welche Kinder sind mir lieber?

Sich selbst und die anderen entdecken

Von Unterschieden und Gemeinsamkeiten

Das Konzept des Situationsansatzes und das der interkulturellen Erziehung haben von vornherein eins gemeinsam: Der Blick auf Kinder und Eltern ist verbunden mit der Frage, was sie mitbringen, welche Vorerfahrungen, Kenntnisse und Fertigkeiten sie in ihren Lebenssituationen erworben haben und in den gemeinsamen Prozess einbringen können. Und er ist verbunden mit der Frage, welche Bedürfnisse sie haben und welche Voraussetzungen sie brauchen, um ihren Bedürfnissen Ausdruck verleihen und sich mit anderen darüber verständigen zu können. Damit ist schon im Grundsatz deutlich: Jedes Kind und jeder Elternteil ist anders, hat seine Eigenheiten, Vorlieben und Abneigungen, Stärken und Schwächen, Wünsche und Ängste.

Anders als in lernbereichsorientierten Konzepten und anders als in der „Ausländerpädagogik“ geht es also nicht darum, zu fragen, was die Kinder *nicht* können und was sie deshalb lernen müssen, um einem von außen gesetzten Maßstab zu genügen. Es geht darum herauszufinden, wer welche Möglichkeiten mitbringt und wie die je individuellen Möglichkeiten zusammenwirken können, um die Erfahrungen aller Mitglieder der Gruppe zu erweitern.
Bei einem solchen Blick auf Kinder und Eltern fällt es leichter, die Unterschiede zwischen den Lebenssituationen als Chance wahrzunehmen. Und gleichzeitig fällt auf, wie selbst bei sehr unterschiedlichen Lebensverhältnissen durch genaueres Hinsehen Gemeinsamkeiten sichtbar werden.
Die individuellen Voraussetzungen und Möglichkeiten der Kinder einer Gruppe, ihrer Familien und ihrer Kultur kennen zu lernen, wird so zum Ziel der pädagogischen Arbeit und ist zugleich Bestandteil der Analyse der Gruppensituation.

Je mehr Unbekanntes dabei zu Tage tritt, umso interessanter kann es für alle werden.
Kinder können dabei vieles erfahren und erleben:

- Valentina aus Kasachstan erfährt, dass Jury zwar ein Junge und deshalb anders ist als sie, aus Tadschikistan, also einem anderen Land kommt als sie, er aber ebenso wie sie erst seit kurzem in Deutschland ist, dass auch er in seinem früheren Zuhause mit Hund, Katze, Ziegen und Hühnern zusammengelebt hat und manchmal Heimweh empfindet.
- Alexa aus Halle erfährt, dass Lena und Miriam ebenso wie sie mit ihrer Mutter alleine leben, dass sie selbst aber jeden Morgen früh raus muss, weil ihre Mutter arbeiten geht, während Lenas und Miriams Mütter arbeitslos sind und sie deshalb morgens ausschlafen können.
- Huyen aus Vietnam erfährt, dass nicht nur sie Kartoffeln nicht mag, sondern auch Alexa und Miriam lieber Nudeln und Reis essen.
- Max erfährt, dass Jana und Achmed genauso wie er am liebsten im Garten rumtoben, er aber mittags müde ist und schlafen will, während die anderen beiden keine Spur von Müdigkeit aufweisen

Wer bringt welche Möglichkeiten mit? Die Umkehr der Defizitsicht

Kinder, Erzieherinnen und Eltern können Unterschiedlichkeiten und Gemeinsamkeiten differenzierter wahrnehmen. Die Unterscheidungslinien und Gemeinsamkeiten verlaufen nicht allein entlang der Kulturzugehörigkeit, sondern ebenso entlang der Geschlechtszugehörigkeit, des Alters, des Sozialstatus und individueller Vorlieben und Abneigungen.

Sprache als Ausdruck kultureller Identität

Jedes Kind braucht seine Muttersprache

Die kulturelle Identität der Kinder zu stärken, ihnen Gelegenheit geben, sie auszudrücken, ist einer der Grundsätze interkultureller Erziehung.
Das herausragende Ausdrucksmittel, durch das sich eine Kultur von der anderen unterscheidet, ist die Sprache. Die frühesten Entwicklungsprozesse eines Kindes werden durch seine ersten Bezugspersonen in der Muttersprache begleitet. Mit ihr erhalten sie ihre ersten Orientierungen; sie vermittelt ihnen emotionale Sicherheit.

In der Regel werden Kinder aus anderen Nationen in ihren Familien in der Muttersprache kommunizieren. Sie schafft und festigt die Verbindung zu ihrer Herkunftskultur. Andererseits sind die Kinder darauf angewiesen, die deutsche Sprache als Zweitsprache zu erwerben, um sich hier verständigen zu können. Zur

Bewältigung und aktiven Gestaltung ihrer Lebenssituation benötigen sie also beide Sprachen.
Manche Erzieherinnen und auch manche Eltern befürchten, die Kinder könnten mit einer zweisprachigen Erziehung überfordert sein. Sie überlegen, ob es für die Sprachentwicklung nicht besser sei, wenn zumindest in der Kita und sofern die Eltern dies können, auch zu Hause konsequent deutsch gesprochen würde, damit die Kinder nicht zwischen zwei Sprachwelten hin und her gerissen würden. Erzieherinnen, die mehrere Kinder derselben Nation in ihrer Gruppe haben, versuchen dann, die Kommunikation dieser Kinder in ihrer Muttersprache zu unterbinden.

Forschungen zur Zweisprachigkeit belegen, dass die Sprachentwicklung ganz entscheidend davon abhängt, in welchem psychosozialen Klima sie sich vollziehen kann. Wird einem Kind vermittelt, seine Muttersprache sei weniger wert als die deutsche, so wird es wenig Antrieb entfalten, sich in dieser auszudrücken. Wenn hingegen auch von der Erzieherin und den deutschen Kindern Interesse an seiner Sprache geäußert wird und damit anerkannt wird, dass es mit dieser Sprache eine ganz besondere Kompetenz besitzt, dann wird es sich auch in dieser Sprache entwickeln wollen. Das muss seine Bereitschaft, auch die deutsche Sprache zu erlernen, nicht beeinträchtigen. Sie entspringt seinem Wunsch, mit den anderen Kindern der Gruppe und der Erzieherin in Kontakt zu kommen (vgl. Akpinar/ Zimmer, Band 1, 1984 und Wieczerkowski 1975).
Es geht in der Kita also darum, nach Möglichkeiten zu suchen, wie die Sprachentwicklung in beiden Sprachen unterstützt werden kann. Da in einer Kita häufig Kinder aus mehreren Nationen sind und es normalerweise an ausländischen Erzieherinnen mangelt, sind die Möglichkeiten einer muttersprachlichen Förderung notwendigerweise eingeschränkt. Erzieherinnen können aber die Eltern darin bestärken, mit ihren Kindern in der Muttersprache zu sprechen und eventuelle Befürchtungen abbauen, dies würde das Erlernen der deutschen Sprache verzögern. Sie können muttersprachliche Elemente – verbunden mit anderen kulturellen Ausdrucksformen – in den Alltag der Kita einbinden. Erzieherinnen und die deutschen Kinder können zum Beispiel die Begrüßungs- und Abschiedsworte mit den dazugehörigen Gesten in der anderen Sprache erlernen. Lieder, Abzählreime und Verse in anderen Sprachen können einen festen Platz im Alltag finden.

Wie können Muttersprache und deutsch als Zweitsprache gleichzeitig unterstützt werden?

Zur Förderung der deutschen Sprache ist für Kinder aus anderen Nationen ebenso wie für die deutschen Kinder ein sprachfreudiges Klima das Wichtigste. Da Kinder im Kindergartenalter sich Sprache nicht gezielt, sondern intuitiv aneignen, sind isolierte Sprachübungen wenig sinnvoll.

Meine Religion, deine Religion, keine Religion?

Neben der Sprache unterscheidet häufig die Religion eine Kulturgruppe von einer anderen. Sie äußert sich nicht nur in den religionsspezifischen Festen. Religionen überliefern traditionell gewachsene Wertmaßstäbe für das Zusammenleben in einer Gesellschaft. Sie bieten Interpretationen an über den Ursprung der Welt und des menschlichen Seins und sparen auch die Fragen nach dem Tod nicht aus. Damit geben sie mögliche Antworten auf elementare Sinnfragen, die sich jedem Menschen stellen und die auch Kinder im Kindergartenalter schon äußern.

Buddhismus, Hinduismus, Islam, Judentum und Christentum haben Jahrtausende alte und zum Teil gemeinsame Wurzeln. Sie bewahren Traditionen, haben sich jedoch auch

mit der Geschichte gewandelt. Religiöse Interpretationen und Vorstellungen sind also nichts Statisches, immer Gleiches. Sie werden subjektiv interpretiert. Die Bandbreite unterschiedlicher Interpretationen zwischen den Angehörigen einer Religionsgemeinschaft kann dabei sehr groß sein.

Sind Kinder unterschiedlicher Religionen in der Kita, gilt es deshalb genauer herauszufinden, welche religiösen Wertvorstellungen in den jeweiligen Familien vorhanden sind und wie sie ihren Glauben praktizieren. Gelten für sie zum Beispiel bestimmte Speisevorschriften, welche Festtage sind ihnen wichtig? Haben sie Vorbehalte gegenüber der Teilnahme an christlichen Festen?
Nur wenn Erzieherinnen davon Kenntnis haben, wird es ihnen möglich, das angemessen zu berücksichtigen. Natürlich geht dies nur zusammen mit den Eltern. Es ist aber hilfreich, insbesondere wenn die sprachliche Verständigung mit den Eltern schwierig ist, sich über die Grundzüge der jeweiligen Religion zum Beispiel über Literatur zu informieren. Fragen können dann einfühlsamer und konkreter gestellt werden.
Diese Informationsarbeit muss nicht in der Lektüre trockener Sachbücher bestehen. Es gibt sehr gute Kinderbücher und Romane, die von Religionen und religiösen Bräuchen berichten.
Vielleicht gibt es auch unter den deutsch sprechenden Eltern oder in der Nachbarschaft jemanden, der sich auskennt und den man in die Kita einladen kann.
So können Kinder und Erzieherinnen sich gemeinsam informieren.
Die Beschäftigung mit unterschiedlichen Religionen, unabhängig davon, ob man selbst einer Religion angehört, zählt sicher mit zu dem, was interkulturelle Kompetenz ausmacht. Sie hilft nicht nur zum besseren Verständnis der hier lebenden Familien und ihrer Kinder, sondern trägt für Kinder wie Erwachsene entscheidend zum allgemeinen Weltverständnis bei.
Die religiösen Feste sollen dabei durchaus eine Rolle spielen. Werden sie jedoch nur isoliert, als punktuelle Erscheinung betrachtet, verlieren sie leicht ihren Sinnzusammenhang und geraten in Gefahr, in konsumorientierten Ritualen zu erstarren – so wie es mit den hier gefeierten christlichen Festen wie Weihnachten oder Ostern vielfach geschieht. Das Erforschen der Hintergründe von Festen fremder Religionen führt vielleicht auch dazu, sich und den Kindern die Hintergründe der hiesigen Feste zu verdeutlichen.

Elemente von Festen aus anderen Religionen können in die üblichen Kita-Feste integriert werden. Kindern und Eltern wird auch damit gezeigt, dass in der Kita Raum für ihre Kultur und ihre Religion ist.

Kinder und Erzieherinnen informieren sich gemeinsam

Welche religiösen Vorstellungen prägen das Familienleben?

Leben in verschiedenen Welten

In einer Kindergruppe gelten andere Regeln als in der Familie

Jede Familie hat ihre eigene Kultur und auch innerhalb der deutschen Bevölkerung haben sich vielerlei verschiedene Lebens-, Erziehungs- und Kommunikationsstile herausgebildet. So kann prinzipiell jedes Kind bei Erzieherinnen auf ein ganz anderes Verhalten treffen als bei den Eltern. Und dass in einer Kindergruppe mit vielen Kindern andere Regeln gelten müssen als in einer Familie mit nur einem, zwei oder auch drei Kindern, erscheint ziemlich selbstverständlich. So besteht grundsätzlich für jedes Kind die Notwendigkeit, zwischen unterschiedlichen Regeln und Normen in Kita und Familie zu unterscheiden und die damit verbundenen Erwartungen an sein Verhalten auszubalancieren. Bei den ganz kleinen Kindern ist es wünschenswert, dass sich die Erzieherinnen möglichst weit gehend mit den familialen Gewohnheiten abstimmen, um ihnen die für ihre Entwicklung notwendige Stabilität zu geben. Für die Selbstständigkeitsentwicklung der etwas älteren Kinder ist es dagegen durchaus förderlich, wenn sie sich in unterschiedlichen sozialen Systemen bewegen. Wenn die Diskrepanz zwischen Familie und Kita eine mittlere ist, wird ein Kindergartenkind mit diesen Verschiedenheiten ohne allzu große Schwierigkeiten umgehen lernen und sein Verhaltensrepertoire allmählich erweitern. Wird der Unterschied zu groß oder geraten die Er-

Wie stehts mit der Gleichberechtigung?

wartungshaltungen von Eltern einerseits und Erzieherinnen andererseits in Widerspruch, dann wird es dem Kind schwer fallen, den dadurch hervorgerufenen ständigen Konflikt alleine zu lösen. Überangepasstes Verhalten und damit Unterdrückung der eigenen Bedürfnisse können die Folge sein oder auch besonders aggressives Verhalten. Ersteres ist dabei häufiger die Reaktion von Mädchen, Letzteres die von Jungen, insbesondere dann, wenn sich die unterschiedlichen Verhaltenserwartungen an die Geschlechterrolle richten.
Und das ist oft der Fall, wenn Mädchen und Jungen aus sehr traditionell orientierten muslimischen oder Aussiedler-Familien auf Erzieherinnen treffen, denen das gleichberechtigte Zusammenleben von Jungen und Mädchen besonders wichtig ist. Der Konflikt liegt hier in grundsätzlich verschiedenen Kulturauffassungen und ist deshalb schwer zu lösen.
Natürlich wird es darum gehen, mit den Eltern eine Verständigung zu erzielen – aber was ist, wenn dies nicht gelingt oder für die Erzieherinnen der Preis zu hoch wäre, nämlich auf ein ihnen sehr wichtiges und sehr wohl begründetes Erziehungsziel zu verzichten?
Das Wichtigste wird dann sein, das Kind mit dem Konflikt nicht alleine zu lassen und es vor allem nicht deshalb zu diskriminieren, weil es den Erwartungshaltungen seiner Eltern entspricht. Es wird Zeit und sehr behutsames Vorgehen der Erzieherinnen erfordern, damit das Mädchen seine Mädchenrolle und der Junge seine Jungenrolle in der Gruppe finden kann. Die Auseinandersetzung mit den Ursachen für solche unterschiedlichen Geschlechtsrollenerwartungen in der eigenen und anderen Kultur kann dabei zu einem neuen Verständnis führen. Möglicherweise erlangt man dabei die Einsicht, die Gleichberechtigung der Geschlechter sei weder in der einen noch in der anderen Kultur erreicht und die Ungleichheit stellt sich nur anders dar. Dann könnten die Unterschiede anders gewertet werden. Der eigene Maßstab wäre dann nicht per se der einzige, der zählt. Auch bei solchen Konflikten kann das Erkunden der Ursachen – hier für unterschiedliche Geschlechtsrollenerwartungen – gemeinsam mit den Kindern geschehen. Allen Mädchen und Jungen wird damit ermöglicht, sich mit ihrer Geschlechterrolle differenzierter auseinander zu setzen.

Interessenvertretung auch für Kinder von Asylbewerbern?

Die hier lebenden Ausländer mit den unsichersten Zukunftsperspektiven sind Flüchtlinge und Asylbewerber. Meist auf mühevollem Weg nach Deutschland gelangt, werden ihre Erwartungen auf sicheres Asyl bereits mit den ersten Behördenkontakten gedämpft. Während ihr Asylantrag geprüft wird, was Wochen, Monate, ein Jahr und länger dauern kann – eine lange Zeit der Ungewissheit –, leben sie in Erstaufnahmeeinrichtungen. Wird über ihren Antrag positiv entschieden – und das trifft nur für fünf bis zehn Prozent zu –, wechseln sie in eine andere Gemeinschaftsunterkunft, wo sie mit anderen Zugewanderten zusammenleben. Ablehnender Bescheid bedeutet Abschiebung, und die kann dann sehr schnell passieren – sogar in so genannten Nacht- und Nebelaktionen –, denn das Gesetz verpflichtet nicht, vorher zu informieren.
Asylbewerber haben somit rechtlich gesehen den niedrigsten Status, und dies schlägt sich in der öffentlichen Meinung innerhalb der deutschen Bevölkerung sehr unterschiedlich nieder.

Offene Ablehnung

Eine immer größer werdende Minderheit artikuliert ihre Ablehnung Asylbewerbern gegenüber öffentlich. Ohne über die tatsächlichen Lebensumstände der Asylsuchenden Bescheid zu wissen, sind sie in ihren Augen „Schmarotzer", die sich hier auf Kosten der Steuerzahler ein schönes Leben machen wollen.

Die schweigende Mehrheit

Die große Mehrheit schweigt. Ob damit Ablehnung gegenüber den Asylsuchenden, Gleichgültigkeit oder Ohnmacht gemeint sind oder aber stumme Solidarität mit den Opfern, ist schwer herauszufinden.

Solidarität und ihre Risiken

Ein anderer Anteil der Bevölkerung solidarisiert sich öffentlich mit den hier lebenden Ausländern, informiert sich über deren Lebensverhältnisse früher und heute und fühlt sich mitverantwortlich für ihre Sicherheit und die Gestaltung menschenwürdiger Lebensbedingungen. Sie organisieren öffentliche Protestaktionen und versuchen, Einfluss auf die Ausländerpolitik zu nehmen. Menschen, deren Asylgesuch abgelehnt wurde, ohne dass überzeugend dargelegt werden kann, dass sie bei Rückkehr in ihre Herkunftsländer in ihrem Leben und den zugehörigen elementaren Rechten nicht bedroht wären, bieten sie in einem Akt zivilen Ungehorsams Unterschlupf, handeln also illegal und gehen ein hohes persönliches Risiko ein. Viele von ihnen verweisen auf die besondere Verantwortung der Deutschen für den Schutz von Minderheiten mit Blick auf deren massenweise Vernichtung in der Zeit des Nationalsozialismus. Mit der Aktion „Asyl in der Kirche" gehören auch viele Kirchengemeinden dazu.

In einer Demokratie ist jeder Mensch aufgefordert, sich in diesem Spannungsverhältnis eine begründete Meinung zu bilden, die eigenen Handlungsmöglichkeiten und seine Risikobereitschaft auszuloten.

Erzieherinnen in Kindertageseinrichtungen sind dann, wenn sie sich in ihrer Berufsrolle als Interessenvertreterinnen von Kindern verstehen, aufgefordert zu entscheiden: Wollen sie die Interessenvertretung nur für die Kinder ihrer Einrichtung wahrnehmen oder sie auf alle Kinder, die in ihrem Umfeld leben, ausdehnen?

Gibt es zum Beispiel in der Nähe einer Kita ein Asylbewerberheim, dann steht für Erzieherinnen prinzipiell die Entscheidung an, ob sie sich mit der Situation der dort lebenden Kinder befassen wollen, ob sie von sich aus Kontakte herstellen, die Aufnahme von Kindern in die eigene Einrichtung anbieten oder dem eher ablehnend gegenüberstehen. Auch wenn sie diese Entscheidungen nicht alleine treffen können - Eltern, der Träger und gegebenenfalls die Kommune sind dabei einzubeziehen -, ist es eine Frage an sie, ob sie ihren Blick überhaupt dafür öffnen wollen. Denn gemeinsam mit der schweigenden Mehrheit geht es auch anders: Sich der Entscheidung entziehen und es beim Nebeneinander ohne Berührung belassen.

Interkulturelle Erziehung ohne ausländische Kinder?

In den neuen Ländern, aber auch in einigen dörflichen Regionen der alten Bundesländer sind ausländische Kinder nicht oder nur selten in den Kitas anzutreffen, weil in diesen Wohngebieten keine Ausländer wohnen. Auch in solchen Kitas muss auf interkulturelles Lernens nicht verzichtet werden. Dabei geht es nicht darum, die Kinder quasi wie in einer Unterrichtsreihe mit anderen Kulturen bekannt zu machen. Sondern auch hier gilt der Grundsatz: An den Erfahrungen der Kinder ansetzen. Und solche Ansatzpunkte gibt es viele. Sicher haben auch in diesen Kindergruppen Kinder schon einmal eine Auslandsreise gemacht. Der tägliche Speiseplan oder der Gang über den Wochenmarkt bietet Erkundungsmöglichkeiten, wo welches Obst oder Gemüse herkommt. Das Wäscheetikett oder der Aufdruck auf einem Spielzeug zeigt möglicherweise, dass dieses Produkt nicht in Deutschland, sondern in einem anderen Land hergestellt wurde.

An den Erfahrungen der Kinder ansetzen

Auch folgende Situation kann einen Ansatzpunkt bieten: Im Bewegungsraum gibt es ein Radio. Die Kinder haben es eingeschaltet. Sie wollen tanzen. Tom, fünf Jahre, horcht auf, als ein spanischer Song gespielt wird, der gerade sehr populär und fast täglich zu hören ist. Er sagt, dies sei ein türkisches Lied. Pia widerspricht: Das sei kein türkisches, sondern ein englisches Lied, weil die Lieder im Radio, die sie nicht versteht, immer alle englisch seien, das habe ihre Mutter ihr erklärt. Die Erzieherin will aufklären und informiert, dass es sich um einen spanischen Text handele – aber so recht glaubt Tom das noch nicht. Er hält dagegen: Das müsse ein türkisches Lied sein, denn er habe es bei seiner Sommerreise in die Türkei immer gehört. Isabelle beendet die Debatte vorläufig mit dem Hinweis, das Lied würde ja im Moment auch hier, also in Deutschland, im Radio gespielt. Deshalb sei es aber noch lange kein deutsches Lied. Das Interesse der Kinder ist durch diese kleine Episode geweckt. Sie hören jetzt genau hin, welcher Song gespielt wird und wollen wissen, um welche

Sprache es sich handelt. Von einigen besonders häufig gespielten Liedern können sie sogar schon einzelne Textpassagen mitsingen. Die Erzieherin kann hier anknüpfen.

Was Kinder in Erfahrung bringen können

Kinder können dabei zum Beispiel erfahren,

- dass vieles, mit dem wir alltäglich umgehen, nicht von hier stammt,
- dass die Zitronen eine lange Reise hinter sich haben, bis sie zu uns gelangen,
- dass wir sie aus südlichen Ländern importieren müssen, weil sie hier nicht wachsen,
- dass die ersten Erdbeeren im Frühjahr aus Spanien kommen, weil es dort schon warm, bei uns aber noch kalt ist,
- dass diese Erdbeeren aber meistens nicht so gut schmecken, weil sie unreif geerntet werden, damit sie beim Transport nicht faulen,
- dass und warum sie zudem viel teurer sind als die einheimischen Beeren und es insgesamt gesehen vielleicht vernünftiger wäre, mit dem Erdbeeressen zu warten,
- dass es aber auch verständlich ist, wenn nach einem langen Winter die ersten Erdbeeren sehr verlocken,
- und dass außerdem in Spanien viele Menschen davon leben, wenn wir ihre Erdbeeren kaufen.

Viele Themen greifen ineinander

Hier greifen offensichtlich viele Themen ineinander. Fragen der Ökologie und der Ökonomie sind ebenso angesprochen wie die der interkulturellen Erziehung. Eine Fülle von aufeinander aufbauendem Sachwissen kann in diesem sozialen Zusammenhang erworben werden (siehe auch die Bände: „Natürlich von klein auf. Ökologische Lebensgestaltung in der Kita“, „Wer ist denn hier der Bestimmer? Das Demokratiebuch für die Kita“ und „Was zählt? Vom Umgang mit Geld und anderen Werten“, in dieser Praxisreihe).

In der Pädagogik der DDR war die Erziehung zur internationalen Solidarität ein erklärtes Erziehungsziel. Zwar galt es nicht für die eine Welt, sondern nur für ihren sozialistischen Teil, und die entsprechenden Ausarbeitungen im damaligen Erziehungs- und Bildungsprogramm für die Kindergärten der DDR sind nicht frei von ideologischen Aussagen. Dennoch lohnt ein Rückblick, weil dort Anregungen enthalten sind, die in Zusammenhänge, wie sie oben aufgezeigt sind, integriert werden können. Eine Auseinandersetzung mit dem Begriff der internationalen Solidarität, so wie er in der DDR verstanden wurde und wie er aus heutiger Sicht definiert wird, kann helfen, die eigene Position differenzierter zu begründen.
Und insbesondere lohnt es, die damals oft verwendete Literatur für Kinder zu beachten. Sie enthält eine Vielfalt von Bildern, Geschichten, Märchen und Liedern aus anderen Ländern. Hier können sich Ost- und Westliteratur gut ergänzen, denn im Westen waren und sind die entsprechenden Materialien über Traditionen und Kulturen der osteuropäischen Staaten eher rar.

3. Handeln – Situationen gestalten

Von Beispielen aus der interkulturellen Praxis, die Erzieherinnen im Zusammenleben mit Menschen aus anderen Kulturen erprobt haben, handelt dieses Kapitel.

Nach der Einschulung der Großen blieben nur vier Kinder in der Kitagruppe übrig. Neu in diese Kindergruppe kamen auch zwei Jungen aus Ruanda und ein Mädchen aus der Mongolei. Wie die Erzieherinnen das Kennenlernen der neuen Kinder mit allen Sinnen gestalteten, davon erzählt das erste Beispiel.

In der nächsten Geschichte stehen drei vietnamesische Mädchen im Mittelpunkt. Vietnam mit seiner fernöstlichen, vom Buddhismus geprägten Kultur ist unserer Kultur zunächst sehr fremd. Für die Erzieherinnen erwächst daraus eine hohe Anforderung, sich in die Mentalität der Kinder und ihrer Eltern einzufühlen.

Das letzte Beispiel erzählt von einem Dorfkindergarten, dessen Mitarbeiterinnen gemeinsam mit Kindern und Eltern Verbindungen zwischen den Bewohnern eines Asylbewerberheims und den Dorfbewohnern entwickelt haben. Ein Beispiel mit politischem Zündstoff.

Ich bin ich – und du bist du

Die Kitagruppe setzt sich neu zusammen - eine immer wiederkehrende Situation. Diesmal war der Wechsel besonders spürbar: Nur vier Kinder der alten Gruppe blieben - darunter Garma aus Ulan Bator in der Mongolei. 15 Kinder waren in die Schule gekommen, 15 Kinder kamen aus zwei Krippengruppen hinzu. Außerdem kamen Viktor und Martin, Zwillinge aus Ruanda, ganz neu in die Kita.

Die Erzieherinnen wollten diese Kennenlern-Phase so gestalten, dass die Kinder sich selbst und die anderen Kinder der Gruppe immer genauer wahrnehmen konnten: Äußerlichkeiten, die Stimme, aber auch besondere Wünsche und Bedürfnisse.

hatte, die inzwischen gestorben war, oder dass das Haus auf dem Foto mit Viktor, Martin und ihrem Vater der Familie nicht mehr gehört, weil es ihnen im Krieg weggenommen worden war.
Das Gedicht „Kein Mensch auf der Welt …“ lasen wir den Kindern mehrmals vor. Obwohl sie gewiss nicht alle Einzelheiten verstanden, begriffen sie, um was es geht. Wir schauten uns in die Augen, um festzustellen, ob sie wirklich bei jedem unterschiedlich sind. Wir lauschten den Stimmen, wenn Kinder morgens gebracht wurden, und jedes Mal freuten sich die Kinder, wenn sie erkannten, wer kam. Garmas Mutter und den Vater der Zwillinge baten wir, uns ein Lied in ihrer Heimatsprache

Meine Familie und ich

Kinder brachten Fotos mit, auf denen sie noch jünger waren. Unbefangen erzählten sie von sich und ihren Familien und befragten sich gegenseitig. Die Eltern wurden von den Kindern spontan einbezogen und dabei erfuhren wir auch von den „alten“ Kindern Dinge, von denen wir bisher nichts wussten. Zum Beispiel, dass Helene eine kleine Schildkröte besessen

Kein Mensch auf der Welt hat Augen so wie deine.
Manche sind braun und groß und rund dazu,
doch deine sind einzig, es sind eben deine.
Dich gibt's nur einmal, du bist eben du.
Nicht eine Stimme klingt so wie deine,
ob sie nun lacht, ob redet oder singt,
denn deine Stimme hast nur du alleine,
sonst gibt es keine, die so klingt.
Du bist etwas Besonderes, denn dich gibt's nur einmal.
Keiner ist genauso wie du eben bist,
hast eigene Gefühle und hast dein Geheimnis
und dein eigenes Glück, das tief in dir ist.
Und keiner kann lächeln, so wie du jetzt lächelst.
Kein Mensch der Welt macht's ganz genau wie du.
Dein Lächeln hast du ganz für dich alleine.
Du bist ganz was Besonderes – dich gibt's nur einmal.

vorzusingen. Fasziniert hörten die Kinder den fremden Klängen zu.

Bei Mal- und Zeichenarbeiten, die wir den Kindern in diesem Zusammenhang anboten, konnten sie sich intensiv mit den anderen Kindern beschäftigen.

Umrisszeichnungen:
Die Kinder legen sich auf Tapetenbahnen und werden von anderen in voller Größe abgezeichnet. Sie genießen die Berührung und das Interesse der anderen.
Es kam uns weniger auf das Zeichnen äußerer Details an, sondern wir forderten die Kinder auf, sich bei dem gezeichneten Kind zu erkundigen, was es am liebsten mag, wer seine Freunde oder Freundinnen sind. Die Antworten zeichneten die Kinder dann gemeinsam in die Umrisse ein.
(Siehe auch: „Gruppenfotoalbum“, in der Materialbox.)

Meine Freundin und ich

Monotypie:

Die Kinder, die mitmachen wollen, suchen sich einen Freund oder eine Freundin aus. Sie malen sich dann gegenseitig.
Wir hatten dies als Partnerspiel gestaltet, weil es kleineren Kindern leichter fällt, ein anderes Kind genau zu betrachten als sich selbst.

Masken:

Ein Bildband über afrikanische Masken aus der Bibliothek und Bildmaterial aus der Mongolei, das uns Garmas Tante mitgebracht hatte, gab uns Anregungen. Die Kinder bastelten sich ihre Maske und bemalten sie nach ihren Vorstellungen. In Gesprächen mit den Eltern erfuhren wir, dass Masken in der Mongolei vor allem bei buddhistischen Festen eine große Rolle spielen.
In diesem Zusammenhang erzählte Garmas Mutter, dass ihr Leben auch hier stark von religiösen Festen geprägt ist.
Der Vater von Viktor und Martin klärte uns dagegen auf, dass in Ruanda die traditionellen Sitten und Gebräuche durch den katholischen Glauben verdrängt worden seien. Sie würden heute als heidnisch abgelehnt.

Jetzt sind wir dabei, einige Begrüßungen und Verabschiedungen auf mongolisch und ruandisch zu lernen.

Drei Mädchen aus Vietnam

Zwei Erzieherinnen schildern, was sie in einer für sie neuen Situation erlebt haben. Bisher hatten sie noch nie ausländische Kinder in ihrer Kita. Ab September würden drei vietnamesische Mädchen zu ihrer Gruppe gehören. Alle drei sind vier Jahre alt. Das Jugendamt hatte sie der Kita zugewiesen.

Die Vorbereitung

Vor den Sommerferien kommen alle drei Mütter mit den Mädchen in die Kita und schauen sich bei uns um. Wir hatten geplant, dass alle sechs gemeinsam kommen. Sie begrüßen uns mit größter Höflichkeit, sind sehr freundlich, aber auch sehr scheu. Da die Mütter nur wenige Worte deutsch sprechen, ist die Verständigung schwierig. Sie versuchen es mit französisch - das klingt in unseren Ohren zwar schon vertrauter als vietnamesisch, aber verstehen tun wir sie trotzdem nicht. Immerhin gibt uns das einen Hinweis. Vermutlich werden wir leichter jemanden finden, der französisch und deutsch spricht als jemanden, der vietnamesisch und deutsch kann.

Wir führen die kleine Gruppe durchs Haus. Wir - das sind die Leiterin und ich als eine der Erzieherinnen der Gruppe, in die die Mädchen kommen werden. Nach kurzer Überlegung hatten wir beschlossen, dass alle drei vietnamesischen Mädchen in eine Gruppe kommen sollten. Sicher würde ihnen das die Eingewöhnung erleichtern, und solange sie noch kein deutsch konnten, hätten sie wenigstens Gesprächspartnerinnen. Auch die Eltern könnten sich besser austauschen. Und bestimmt würde es den Mädchen später leichter fallen, uns etwas von ihren Lebensgewohnheiten mitzuteilen, wenn sie zu dritt wären. Denn das hatten wir uns vorgenommen: Wir wollten sie in ihrer kulturellen Identität stärken und sie nicht einfach in unsere deutsche Kultur einpassen. Zwar mussten wir wegen der Entscheidung, alle in eine Gruppe aufzunehmen, die Gruppenzusammensetzung verändern - dort wäre eigentlich nur ein Platz frei gewesen -, aber das war kein großes Problem. Da wir schon einige Zeit mit altersgemischten Gruppen und gruppenübergreifend arbeiten, hatten sich schnell zwei Kinder gefunden, die gerne in die Nachbargruppe wechselten und deren Eltern damit auch einverstanden waren. Durch die Öffnung konnten Kinder und Eltern jederzeit zu uns kommen.

Verständigungsschwierigkeiten

Unsere Kita schien den Müttern zu gefallen. Mit einem freundlichen Lächeln nickten sie zu allem, was wir ihnen zeigten. Aber hätten sie überhaupt geäußert, wenn ihnen etwas nicht gefallen hätte? Die drei Mädchen blieben dicht bei ihren Müttern und beobachteten alles stumm.

Hätten die Mütter ihr Missfallen überhaupt geäußert?

Weder die Erwachsenen noch die Kinder redeten untereinander. Diese Stummheit übertrug sich auch auf unsere deutschen Kinder. Viele unterbrachen ihre Tätigkeiten, als wir ankamen und guckten sich die fremde Gruppe erstaunt an. Auf unsere Erklärung, dass die drei Mädchen demnächst zu uns gehören würden, kam wenig Reaktion.

Fragen für die Eingewöhnung

Nach diesem ersten Kontakt tauschten sich Leiterin und Erzieherin bei einer Arbeitsberatung aus, an der alle Kolleginnen beteiligt waren: Viel hatten sie nicht erfahren. Vom Jugendamt wussten sie, dass die Familien neu in die Stadt gezogen waren und eigene Wohnungen hatten. Zwei der vietnamesischen Familien waren verwandt und hatten gemeinsam ein Restaurant eröffnet. Ob die dritte Familie mit ihnen bekannt war, wussten sie nicht. Wegen der sprachlichen Schwierigkeiten würde es kompliziert sein, etwas über die familiären Verhältnisse zu erfahren und umgekehrt, die Gepflogenheiten der Kita mitzuteilen. Der Leiterin und der Erzieherin, die ja immerhin zwei Stunden mit den Vietnamesinnen verbracht hatten, war es vor ihren Kolleginnen etwas peinlich zuzugeben, dass sie noch eine ganz andere Schwierigkeit hatten: Die vietnamesischen Frauen und die vietnamesischen Kinder sahen alle so gleich aus. Anfangs hätten sie vermutlich Probleme damit, das eine Mädchen von dem anderen, die eine Mutter von der anderen zu unterscheiden.

Die Erzieherinnen stellten sich auf eine längere Eingewöhnungsphase als üblich ein. Sie würden viel Geduld und Einfühlsamkeit aufbringen müssen. Eine mögliche Hilfestellung für die Sprachschwierigkeiten war jedoch schneller gefunden als erwartet. Eine Kollegin hatte eine Freundin, die Romanistik studiert und die französische Sprache gut beherrschte. Sicher wäre sie bereit, in einem Gespräch zu dolmetschen oder auch einen kurzen Text zu übersetzen. Da man sie aber nicht dauernd beanspruchen könnte, resultierte daraus eine andere Aufgabe. Während man sich im alltäglichen Kontakt mit den deutschen Eltern über alles Mögliche austauschte, galt es jetzt, sich zu konzentrieren:

- Was müssen wir den Eltern unbedingt mitteilen?
- Was werden die Eltern von uns erfahren wollen?
- Was müssen wir unbedingt von den Eltern wissen?
- Was werden die Eltern uns unbedingt über ihre Kinder mitteilen wollen?

Auf einmal war klar: Das ist eine Aufgabe, die alle betrifft, nicht nur die eine Gruppe. Für die nächste Arbeitsberatung verabredeten die Kolleginnen, dass aus jeder Gruppe zu allen vier Fragen jeweils drei Kernfragen bzw. Kernaussagen vorbereitet werden sollten. In Erinnerung an eine Fortbildung zu Methoden in der Erwachsenenbildung (Moderationsmethode) schlug die Leiterin vor, dass jede Frage oder Aussage in großer Schrift auf eine

Karte geschrieben werden sollte. Diese könnten dann sortiert und gewichtet werden.
In der Diskussion entwickelte sich die Idee weiter. Nur drei Karten zu jeder Frage? Das erschien einigen Kolleginnen viel zu wenig, die umfangreichen Zusammenhänge abzubilden, die das Bedingungsgefüge zwischen Kita und Eltern bestimmen.
Die Verabredung wurde konkretisiert: Zunächst sollten nur die Fragen und Aussagen festgehalten werden, die für die Eingewöhnungsphase eines Kindes von besonderem Interesse sind. Wenn alle Kolleginnen den weiteren Integrationsprozess begleiten, könnte dieses Vorgehen etappenweise fortgeführt werden.
Das so schrittweise entstehende Material könnte der Fortschreibung der Kita-Konzeption dienen. Und es könnte gleichzeitig das Material für regelmäßig erscheinende Elternbriefe liefern.

Andere Eltern als Experten einbeziehen

Einige Kolleginnen waren von der Idee so angesteckt, dass sie die nächste Arbeitsberatung sehr schnell anberaumen wollten. Andere hielten dagegen, dass es sinnvoll sei, die „alten" Eltern und die deutschen Eltern, deren Kinder neu in die Kita kommen würden, in den Findungsprozess einzubeziehen. Sie schlugen vor, zunächst Gruppenelternabende durchzuführen. Man könne diese gut dazu nutzen, alle Eltern darüber zu informieren, dass nun auch vietnamesische Kinder in der Kita sind. Die Erzieherinnen wollten die Eltern bitten, sich an deren Integration zu beteiligen. Dabei könnte deutlich werden, dass einige der Probleme oder Fragen der vietnamesischen Kinder und Eltern auch auf die deutschen Kinder und Eltern zutreffen. Das Argument überzeugte. Es ging darum, die Erfahrung der Eltern zu nutzen, die die Eingewöhnungsphase schon hinter sich gebracht hatten, Eltern also in ihrer Expertenrolle anzuerkennen. Die von der Leiterin vorgeschlagene Kartenmethode sollte auch bei den Elternabenden angewendet werden. Die Fragen, was Erzieherinnen Eltern mitteilen und was sie von Eltern wissen wollen, würden nun aus der Sicht der Betroffenen beantwortet.

Die nächste Arbeitsberatung zu diesem Thema wurde auf zwei Monate später anberaumt. Die vietnamesischen Kinder würden dann schon zwei Wochen in der Kita sein. Erste Erfahrungen könnten in der Beratung ausgetauscht werden.

Die französisch sprechende Freundin der Kollegin sollte zu dieser Beratung eingeladen werden.

Die drei Mädchen sind da

Chyan, My-Ae und Young werden erwartet. Erzieherinnen und Kinder sind neugierig. Am Vortag hatten sie gemeinsam Kuchen gebacken. Um 8.30 Uhr ist der Tisch festlich gedeckt – ein bunter Blumenstrauß steht in der Mitte.

Die Leiterin hatte die vietnamesischen Mütter gebeten, an diesem Tag um 9.00 Uhr zu kommen und den Vormittag über zu bleiben. Datum und Uhrzeit waren auf einem Zettel notiert. Die Mütter hatten wieder freundlich genickt, als sie die Zettel in Empfang nahmen. Um 9.30 Uhr

Was die Erzieherinnen und die deutschen Kinder zu diesem Zeitpunkt noch nicht wussten:

- In Vietnam ist es nicht üblich, Blumen in eine Vase zu stellen. Das Leben spielt sich überwiegend im Freien ab und da gibt es das ganze Jahr über eine Fülle von Blumen und Baumblüten. Es ist überflüssig, sie ins Haus zu holen.
- Auch zum Frühstück essen Vietnamesen Reis und Gemüse. Brot kennen sie nicht und Kuchen gibt es, wenn überhaupt, abends zum Nachtisch.

war noch niemand eingetroffen. Obwohl es um 11.30 Uhr schon Mittagessen geben würde, beschlossen Erzieherinnen und Kinder, mit dem Frühstück noch zu warten. Schließlich hatte man es ja extra für die neuen Kinder vorbereitet. Einige Kinder fragten, ob sie wie sonst üblich, in den Garten oder in die Nachbargruppe gehen könnten. Eigentlich wollten sie die Neuen alle gemeinsam empfangen – aber wenn sie nun nicht kämen? Die Erzieherinnen ermunterten die Kinder zu gehen – sie würden sie rufen, wenn es so weit sei.

Alle warten - doch zunächst passiert nichts

Erst zwischen 10.00 Uhr und 10.45 Uhr trafen die drei Mütter mit ihren Töchtern ein. Zur Begrüßung verneigten sich die Mütter vor den Erzieherinnen, was diese verunsicher-

te. Sollten sie sich ebenfalls verneigen, was ihnen komisch vorgekommen wäre, oder sollten sie die Hand reichen? Sie entschieden sich spontan für Letzteres - blieben in dieser Frage aber unsicher.
Um 11.00 Uhr war dann die gesamte Gruppe zusammen am Frühstückstisch. Eigentlich wäre es schon wieder Zeit, den Tisch für das Mittagessen zu decken - aber heute würde alles anders laufen. Eine Erzieherin informierte das Küchenpersonal, dass es mit dem Essen etwas später würde. Die deutschen Kinder, die so lange gewartet hatten, frühstückten mit großem Appetit (sicher würden sie zu Mittag kaum etwas essen können) - die vietnamesischen Kinder und ihre Mütter rührten nichts an. Kontaktversuche von den anderen Kindern wurden mit dem nun schon bekannten freundlichen Lächeln erwidert. Die Mädchen blieben neben ihren Müttern sitzen.

Heute läuft alles anders

Nach einer halben Stunde verabschiedeten sich die Mütter von ihren Kindern und von den Erzieherinnen. Die Kinder zeigten keine Anzeichen

von Protest oder Trauer; sie zogen sich zu dritt auf die Matratze in der Kuschelecke zurück und verharrten dort in Beobachtungshaltung, bis sie gegen 16.30 Uhr abgeholt wurden. Die Erzieherinnen hatten sich, wie auch bei anderen Kindern üblich, vorgestellt, dass die Mütter in den ersten beiden Wochen mit ihren Kindern den Vormittag gemeinsam in der Kita verbringen und sie dann allmählich stundenweise alleine dort lassen. Das hatten die vietnamesischen Mütter offensichtlich nicht verstanden. Die Mädchen schienen aber auch kein Problem damit zu haben, als ihre Mütter weggingen. Schwierig war jedoch, sie in die Aktivitäten der Gruppe einzubeziehen.

Zwei Wochen später

Die Gruppenerzieherinnen tauschen ihre Beobachtungen aus:

- Die drei vietnamesischen Mädchen bleiben noch weitgehend unter sich, es überwiegt nach wie vor ihre Beobachtungshaltung. Für ihre Tätigkeiten wählen sie bevorzugt didaktische Materialien, bei denen es darum geht, etwas zu ordnen. Sie scheinen solche Materialien von zu Hause zu kennen.
- In ihrem Alltagsverhalten zeigen sie eine große Selbstständigkeit. Das von ihnen benutzte Spielmaterial räumen sie unaufgefordert auf. Sie beteiligen sich gerne an hauswirtschaftlichen Tätigkeiten wie Tischdecken und Abräumen.
- Bei Kreis- und Fingerspielen machen sie immer mit. Hier nehmen sie auch Kontakt mit den anderen Kindern auf. Sie erlernen diese Spiele sehr schnell, schneller als die deutschen Kinder. Das hilft ihnen auch beim Spracherwerb.

Was hat sich entwickelt?

- Besonders aufmerksam werden sie, wenn Musik und Rhythmik ins Spiel kommen. Hier äußern sie deutlich Spaß und Freude, während die Erzieherinnen es sonst nur schwer erkennen, wie die Mädchen sich fühlen.
- Trotz wiederholter Bemühungen ist es nicht gelungen, den Müttern klar zu machen, dass die Kinder spätestens um 9.00 Uhr in der Kita sein sollen; sie bringen die Kinder selten vor 10.00 oder 11.00 Uhr. Die Erzieherinnen sehen hierin eine der Ursachen, weshalb die Mädchen Schwierigkeiten haben, sich in den Tagesablauf der Kita einzugewöhnen.

Wo gibt es Probleme?

- Am gemeinsamen Frühstück beteiligen sie sich auch dann nicht, wenn sie früh genug da sind, und das Mittagessen lehnen sie, nach kurzem Blickkontakt untereinander, noch häufig ab. Die Erzieherinnen hatten auf eigene Kosten Essstäbchen und Essensschalen besorgt. Das wiesen die Mädchen jedoch zurück. Wenn sie essen, wollen sie das gleiche Besteck benutzen wie die anderen.
- Auch mit dem Schlafen gibt es Probleme. Während sich bisher alle Kinder der Gruppe ohne größere Schwierigkeiten zum Mittagsschlaf hinlegten, haben die Drei diese Situation gründlich durcheinander gebracht. Sie verweigern beharrlich und mit großer Willensstärke, sich überhaupt hinzulegen. Das hat auch

andere Kinder der Gruppe ermuntert, sich gegen den Mittagsschlaf aufzulehnen.

• Im Kontakt mit den Kindern nehmen die Sprachschwierigkeiten nicht die Rolle ein, die die Erzieherinnen vorher vermutet hatten. Schon nach der kurzen Zeit verstehen sie sehr viel, und sie äußern sich auch schon in deutschen Worten. Schwieriger ist es, die innere Sprache der Kinder zu verstehen. Wann fühlen sie sich wohl, was macht ihnen Angst oder bedrückt sie? Sie erscheinen den Erzieherinnen so gleichbleibend schüchtern-freundlich und bescheiden. Hier müssen sie noch lange genau beobachten, um Unterschiede in der Gefühlslage der Mädchen zu erkennen.

• Die Eltern fallen weiterhin durch ihre ausgesuchte Höflichkeit auf. Sie bedanken sich täglich durch Gesten und Mimik dafür, dass ihre Kinder in der Kita den Tag gut verbracht haben. My-Ae wird jetzt immer von ihrem Vater abgeholt. Die Kinder sind zu dieser Zeit meist im Garten. Der Vater bleibt oft noch lange und spielt mit allen Kindern. Er scheint dabei großen Spaß zu haben. An einem Nachmittag hat er, anknüpfend an eine Rauferei zwischen zwei Kindern, ein Schattenboxen veranstaltet. Es war wie im Zirkus – alle Kinder waren begeistert. Mitgemacht haben dann überwiegend Jungen. My-Ae war sichtlich stolz auf ihren Vater.

Mit dem bisherigen Verlauf der Eingewöhnung waren wir nicht unzufrieden. Es gab einige Ansätze, die wir ausbauen können. So führten wir die bei den Drei so beliebten Kreis- und Fingerspiele als tägliches Ritual ein und berücksichtigten Musik und Rhythmik stärker als bisher in der Planung. Beim nächsten Gang in die Stadtbibliothek fanden wir einen wunderschönen Bildband über Vietnam, der von unseren deutschen und den vietnamesischen Kindern immer wieder begeistert betrachtet wurde. Besonderes interessant waren die Häuser und Hütten, die so anders aussahen als unsere Wohnhäuser. Hieran anknüpfend wollten wir zu einem späteren Zeitpunkt ein Projekt zum Wohnen in unterschiedlichen Kulturen planen. Die Mutter eines Mädchens aus der Nachbargruppe, die in einem Reisebüro arbeitet, brachte uns bebilderte Prospekte und ein großes Plakat mit, das seitdem unseren Gruppenraum ziert.

Ein vietnamesischer Nachmittag

Die vietnamesischen Eltern fragten wir mit Hilfe der französisch sprechenden Freundin, ob sie Spiele aus ihrem Land zeigen und vietnamesische Kassetten mitbringen könnten. Sie stimmten zu und wir planten einen vietnamesischen Nachmittag. Die Mütter von Chyan und Young und der Vater von My-Ae kamen gegen 15.00 Uhr. Die Mütter hatten traditionelle, festliche Kleidung angelegt. Sie wurden von den deutschen Kindern und von uns sehr bewundert. Wir hatten Tee gekocht und Reis-Cracker besorgt. Zunächst spielten unsere Kinder das bei den drei vietnamesischen Mädchen besonders beliebte Fingerspiel „Steigt ein

Vöglein auf den Baum ...“, dann zeigten uns die vietnamesischen Mütter zwei Fingerspiele aus ihrer Heimat. Allgemeines Gelächter lösten unsere Versuche aus, die Texte in vietnamesischer Sprache nachzusprechen bzw. mitzusingen. Auf unsere Bitte schrieb My-Aes Vater die kurzen Texte auf - natürlich konnten wir die vietnamesischen Schriftzeichen nicht entziffern. Die deutschen Kinder wunderten sich über die sonderlich aussehenden Zeichen und waren verblüfft, als auch wir sie nicht lesen konnten. Bisher dachten sie wohl, dass wir Erwachsene alles lesen könnten. Unsere Unfähigkeit war deutlich geworden und auch die Fähigkeit der drei Mädchen, sich in zwei Sprachen ausdrücken zu können.

Nach und nach waren die anderen Eltern dazugekommen. Die meisten blieben, angetan von der ausgelassenen Stimmung, und beteiligten sich an unseren Sprachversuchen. Wir versuchten derweil, von einem der

Die Stimmung ist ausgelassen

Vietnamesich kommt uns chinesisch vor

Texte eine Art Lautschrift zu erstellen. Was dabei herauskam, sah in unseren Augen ähnlich „chinesisch“ aus, wie die vietnamesische Schrift. Aber mit Unterstützung der drei Mädchen müsste es uns und den deutschen Kindern gelingen, wenigstens diesen Text zu erlernen. Unsere Schwierigkeiten damit machten uns erst so richtig deutlich, welche Leistung die vietnamesischen Mädchen bereits erbracht hatten.

Der Nachmittag endete damit, dass Chyans Mutter uns zu einer der mitgebrachten Musikkassetten einen vietnamesischen Tanz vorführte. Wieder war die Bewunderung bei Kindern wie Erwachsenen groß.
Mit den Eltern verabredeten wir, dass schon bald ein Elternabend in dem vietnamesischen Restaurant stattfinden sollte. Trotz anfänglicher Skepsis bei einigen deutschen Eltern, die noch nie vietnamesisch gegessen hatten, fanden alle aus der Vielfalt der angebotenen Speisen etwas, das ihnen besonders gut schmeckte.
Und noch etwas fanden wir heraus: Die beiden Mädchen waren immer bis spät abends mit im Restaurant. Kein Wunder also, dass sie morgens immer so spät gebracht wurden und mittags nicht müde waren. Mit den

Eltern fanden wir einen Kompromiss. An den Tagen, an denen wir mit der Gruppe eine gemeinsame Aktivität außerhalb der Kita vorhatten, würden sie ihre Kinder früher bringen. Für die anderen Tage akzeptierten wir, dass die Kinder später kamen. Auch für das Problem mit dem Essen fanden wir eine Lösung, die alle Kinder der Gruppe begrüßten. Statt des bisher üblichen gemeinsamen Gruppenfrühstücks haben wir ein gleitendes Frühstück eingeführt. Die vietnamesischen Eltern haben uns einen Reistopf zur Verfügung gestellt – eine Art Thermostopf, in dem Reis lange warm bleibt. Den Reis bringen die Eltern immer mit. Fast täglich kochen unsere Kinder jetzt Reis und bereiten dazu Rohkost. Wieder eine Aktion, an der sich deutsche wie vietnamesische Kinder gerne gemeinsam beteiligen und bei der die vietnamesischen Mädchen ihr besonderes Geschick beweisen. Reis und Rohkost können jetzt zum Frühstück genommen werden; sie bieten aber auch eine Alternative zum Mittagessen, wenn es etwas gibt, das nicht allen schmeckt – und gesund ist es allemal. Schon jetzt ziehen wir Sprossen selbst. Ab dem nächsten Frühjahr werden wir auch anderes Gemüse für die Rohkost im eigenen Garten ziehen.

Wir essen jetzt anders

Das Asylbewerberheim im Dorf

Die Kita, aus dem dieser Erfahrungsbericht stammt, liegt in einem kleinen Dorf in Brandenburg. Drei Erzieherinnen betreuen hier 36 Kinder in zwei Gruppen. Die Leiterin berichtet:

Die Vorgeschichte

Vor zwei Jahren begann die Geschichte, die unser Dorf und mit ihm unsere Kita von Grund auf änderte. Das Asylbewerberheim im Nachbarort war wiederholt zum Angriffsobjekt einer Skinheadgruppe geworden. Der Bürgermeister konnte oder wollte die Verantwortung für die dort lebenden Menschen nicht länger übernehmen. So wurde das Asylbewerberheim in unserem Dorf angesiedelt. Die 650 Dorfbewohner bekamen über Nacht 280 neue Nachbarn aus Ländern, von deren Existenz man zum Teil kaum wusste.

Konflikte bleiben nicht aus

Angst entstand – zunächst nicht vor den Asylbewerbern, sondern Angst, dass die Skinheads in unser Dorf einfallen könnten. Dies geschah glücklicherweise bisher nicht. Stattdessen entwickelten sich schnell die ersten handfesten Konflikte mit den Heimbewohnern. Sie bedienten sich auf den Kartoffelfeldern, hinterließen ihren Müll in unserem Wald, hielten sich nicht an die Straßenverkehrsordnung, und die Ladeninhaberin berichtete von Klauereien, die es vorher nie gegeben hatte.

In mehreren Bürgerversammlungen im Asylbewerberheim, an denen wir nicht beteiligt waren, wurden diese Konflikte besprochen. Daraufhin trat ein Ruhezustand ein. Kontakte zwischen einheimischen Dorfbewohnern und den Asylbewerbern kamen aber nicht zustande.

Der erste Kontakt

Im Sommer kam es zu Kontroversen zwischen mir und der Heimleiterin, weil sie ohne vorherige Anmeldung und ohne Rücksprache Kinder der Asylbewerber in die Kita schicken wollte.

Das konnte ich so nicht akzeptieren und bestand auf Vorgesprächen, um die erforderlichen Modalitäten zu klären. Bei der Heimleiterin geriet ich dadurch in den Verdacht, ausländerfeindlich zu sein. Entsprechende Gerüchte kursierten im Dorf, was mich sehr ärgerte.

Das erste Gespräch mit der Heimleiterin begann dementsprechend in sehr angespannter Atmosphäre. Glücklicherweise konnte ich meine Position schnell verdeutlichen. Ich war nicht grundsätzlich dagegen, Kinder aus dem Heim in unsere Kita aufzunehmen, obwohl wir zu diesem Zeitpunkt eigentlich keine freien Plätze hatten.
Ich bestand allerdings darauf, dass

die Kinder, wie jedes andere Kind, eine ärztliche Unbedenklichkeitsbescheinigung haben müssten. Das war mir nicht nur wichtig weil es Vorschrift war, sondern weil im Vorfeld einige der deutschen Eltern Bemerkungen gemacht hatten: Man könne ja nicht sicher sein, ob die Asylbewerber Krankheiten einschleppen würden.

Außerdem wollte ich die Finanzierung geklärt haben. Die Heimleiterin sagte zu, sich darum zu kümmern, und wir vereinbarten, ab dem nächsten Monat zunächst zwei Kinder aufzunehmen: Sophia aus Rumänien und Lydia aus Albanien.

Bei dem anschließenden Rundgang durchs Heim wurde mir klar, wie

Zwei Mädchen aus dem Asylbewerberheim kommen in unsere Kita - vieles wird sich ändern

Wie würden Kinder und Eltern reagieren?

wichtig es für die Kinder sein würde, einen weiteren Aufenthaltsort zu haben. Die Wohnverhältnisse sind sehr beengt; in einem Raum lebt eine ganze Familie mit vier oder mehr Personen zusammen. Der den Kindern zugedachte Spielraum ist winzig, verglichen mit den Räumlichkeiten in unserer Kita.

Die Heimleiterin und ich verabredeten, uns in Zukunft regelmäßig zusammen zu setzen. Beim Abschied war die Atmosphäre entspannt.

Die Reaktion der Kolleginnen

Ich hatte nun einiges vor mir: Zunächst mussten die Kolleginnen informiert werden. Dann würde es darum gehen, die Kinder und Eltern auf die neuen Kinder vorzubereiten. Ich war mir nicht sicher, wie Eltern und Kinder reagieren würden, denn die Konflikte mit den Heimbewohnern waren nicht vergessen.

Vom Alter der beiden Mädchen her war klar, sie in der Hortgruppe aufzunehmen. Ich selbst bin als Leiterin einer kleinen Einrichtung nicht freigestellt und arbeitete zu diesem Zeitpunkt in der Kindergartengruppe. Da ich der Hortkollegin aber nicht zumuten wollte, die zwei zusätzlich aufzunehmen und allein mit der unbekannten Situation konfrontiert zu sein, schlug ich vor, in die Hortgruppe zu wechseln.

Das Gespräch mit meinen Kolleginnen machte deutlich, dass die Aufnahme der beiden Mädchen unsere gesamte Einrichtung betraf. Die Hortkollegin hatte sich gerade an die Arbeit mit der neuen Altersgruppe gewöhnt – wir hatten erst seit einem Jahr eine Hortgruppe. Vorher hatten wir nur Kinder von null bis sechs Jahren. Ich selbst hatte auch nur vermittelt über sie Erfahrungen in der Arbeit mit Hortkindern. Nach längerer Diskussion einigten wir uns dann auf den von mir vorgeschlagenen Wechsel, verbunden mit der Absicht, die Zusammenarbeit zwischen Kindergarten- und Hortgruppe noch enger als bisher zu gestalten. Für die Kinder sollte gesichert sein, dass sie sich jederzeit an die ihnen vertraute Erzieherin richten können. Vor den Gesprächen mit den Eltern hatten wir alle ein bisschen Angst. Wie sollten wir damit umgehen, wenn Eltern die Aufnahme von Kindern aus dem Asylbewerberheim ablehnten?

Was tun, wenn Eltern Kinder von Asylbewerbern ablehnen?

In einer Teamsitzung wollten wir uns mit unserer eigenen Haltung und unseren eventuellen Vorurteilen auseinander setzen, um auf die Elterngespräche besser vorbereitet zu sein.

Die Reaktionen der Kinder

Den Kindern berichteten wir bereits am folgenden Tag, dass Sophia und

Lydia bald aus dem Heim in unseren Hort kommen würden. Jenny freute sich. Ihre Mutter arbeitet im Heim und Jenny war schon einige Male dort und hatte mit den Kindern gespielt. Sie erzählte ganz unbefangen von deren Leben im Heim. Einige Kinder äußerten Ängste vor den „Schwarzen" und Robert sagte: „Da müssen wir aufpassen, die klauen alle." Diese Vorbehalte konnten sie nur aus ihren Elternhäusern haben. Durch die Gespräche mit den Kindern hatten wir so schon Hinweise, mit welchen Eltern es vermutlich Schwierigkeiten geben würde.

Angst vorm schwarzen Mann?

Was die Ängste vor den „Schwarzen" anbelangt, gerieten wir zunächst ins Schleudern. Wir hätten sie mit dem Hinweis abtun können, dass die beiden Mädchen, die zu uns kommen würden, keine „Schwarzen" seien. Dann hätten wir sie aber in ihrer Vorurteilshaltung belassen. Uns wurde klar, dass wir mit der Aufnahme der beiden Mädchen eine interkulturelle Erziehung beginnen würden, die über die Integration der beiden hinausginge.

Die Teamsitzung

Die Diskussion um unsere eigenen Haltungen und Vorurteile hatten wir mit dem Satz eingeleitet: „Ich habe zwar nichts gegen Ausländer, aber ..." Jede von uns vervollständigte den Satz, und wir nahmen dann gemeinsam eine Auswertung vor. Ergebnis war, dass keine von uns frei von Vorbehalten war. Einer Gruppe von ausländischen Männern im Dunkeln zu begegnen, würde bei uns allen ein unheimliches Gefühl hervorrufen. Keine von uns konnte sich vorstellen, mit einem Menschen aus einer völlig fremden Kultur in einem Haushalt zu leben, und wenn eines unserer eigenen Kinder einen Ehepartner oder eine Ehepartnerin aus einem afrikanischen Land wählen würde, dann hätten wir damit auch Schwierigkeiten. Es tat gut, diese eher diffusen Gefühle auszutauschen. Wir wollten sehen, ob sie sich ändern würden, wenn wir mehr konkrete Erfahrungen im Kontakt mit den fremden Menschen hätten. Ergebnis unserer Teambesprechung war, dass wir bei den Elterngesprächen eventuelle Ablehnung und Vorurteile nicht abwehren wollten, sie aber bitten wollten, sich wie wir auf neue Erfahrungen einzulassen. Außerdem beschlossen wir, nach Möglichkeiten zu suchen, auch mit anderen Menschen des Asylbewerberheims Kontakte herzustellen.

Die Elterngespräche

Unsere Befürchtungen bestätigten sich nicht - sie wurden aber auch nicht widerlegt. Offene Ablehnung äußerte niemand, wir waren aber nicht sicher, ob sie tatsächlich nicht vorhanden war oder nur nicht geäußert wurde, weil die Eltern wussten, dass wir uns eine liberale Haltung wünschten. Einige Eltern erzählten, dass sie Rumänien von früheren Urlaubsreisen kannten und dort immer sehr gastfreundlich aufgenommen worden waren. Wir vereinbarten, dass wir den Eltern unsere Erfahrungen mit Sophia und Lydia mitteilen würden und bei einem nächsten Elternabend unsere weitere Planung für die Kontakte mit dem Heim vorstellen würden.

Wie es weiterging

Begegnungen entwickeln sich weiter

Die Anfangsphase mit Sophia und Lydia gestaltete sich einfacher als erwartet. An das Leben in einer Kindergruppe waren sie gewohnt. Sie waren sehr darauf bedacht, die bei uns geltenden Regeln schnell zu lernen, und sie hielten sich konsequent daran, konsequenter als die meisten deutschen Kinder. Sie sprachen auch schon ein wenig deutsch. Für die Gespräche mit den Eltern konnten wir die Dolmetscher aus dem Heim hinzuziehen.
Die Verbindung zur Heimleiterin erwies sich als sehr tragfähig. Sie lud uns mit den Kindern ins Heim ein. Sophias Mutter zeigte uns dort, wie das duftige Brot gebacken wurde, das Sophia immer dabei hatte und das auch den anderen Kindern so gut schmeckte.
Wir lernten auf diese Weise auch andere Bewohner des Heims kennen. Auf Vorschlag der Heimleiterin bot eine bosnische Frau uns an, hin und wieder in der Kita auszuhelfen. Dieses Angebot nahmen wir gerne an.

Im Herbst unternahmen wir mit Kindern und Eltern aus dem Heim eine gemeinsame Waldwanderung. Wir zeigten ihnen die Plätze, an denen wir am liebsten spielten. Auf dieser Wanderung entstand die Idee, demnächst ein gemeinsames Fest in der Kita zu feiern. Es fand kurz vor Weihnachten statt. Deutsche Eltern, überwiegend Mütter, und Eltern aus dem Heim, kochten gemeinsam mit den Kindern. Später tanzten wir zu deutscher, rumänischer und albanischer Musik. Auch wenn nicht alle deutschen Eltern an diesem Fest teilnahmen, einige hatten offensichtlich doch Berührungsängste, werteten wir dieses Fest als wichtige Begegnungsmöglichkeit zwischen den Eltern und den Heimbewohnern.

Mit Kindern über Gesetze reden?

Im Januar stand bei uns die Renovierung der Küche an. Wir würden die Arbeiten zum größten Teil selber machen müssen. Nur für die Installationsarbeiten war uns fachmännische Hilfe zugesagt worden. Wieder vermittelte uns die Heimleiterin Hilfe. Drei Männer aus dem Heim übernahmen den größten Teil der Arbeiten. Das beeindruckte auch die deutschen Eltern.

Ein Rückschlag

Über Nacht wird Sophia abgeschoben

Im Februar gab es eine herbe Enttäuschung. Ohne Vorankündigung waren Sophia und ihre Eltern über Nacht abgeschoben worden. Ihr Asylantrag war abgelehnt und sie mussten sofort nach Rumänien zurück. Unsere Hortkinder verstanden die Welt nicht mehr. Sophia hatte doch zu uns gehört. Wo war sie jetzt, warum durfte sie nicht bleiben? Wieso hat niemand vorher gewusst, dass sie gehen musste? Obwohl wir Erwachsenen uns in der Zwischenzeit über die Asylgesetzgebung informiert hatten und wussten, dass die meisten Heimbewohner mit einer Abschiebung rechnen mussten, konnten auch wir nicht begreifen, dass es Sophia und ihre Familie so plötzlich getroffen hatte. Bislang hatten wir mit den Kindern über die Gesetze nicht gesprochen. Das schien uns selbst für die Hortkinder noch zu abstrakt. Nun blieb uns gar nichts anderes übrig. Wir konnten auf ihre Fragen nur mit Erklärungen zur Gesetzgebung antworten, die jetzt auch nicht mehr abstrakt, sondern sehr konkret erfahrbar geworden war. Das, was die Kinder von unseren Erklärungen verstanden, fanden sie ungerecht. Und besonders ungerecht fanden sie, dass es Sophia getroffen hatte. Sie war doch ein Kind und hatte mit diesen ganzen Gesetzen nichts zu tun. Einige Kinder wollten mehr über Gesetze wissen. Wir erklärten ihnen, dass Gesetze das Zusammenleben der Menschen in einem Land regeln, ähnlich wie wir auch Regeln für unsere Kita haben, an die sich alle halten müssen. Aus dem Straßenverkehr sind den Kindern allgemein geltende Regeln vertraut. Die Kinder gaben sich damit nicht zufrieden. In der Kita konnten wir die Regeln ändern; diese Erfahrungen hatten sie schon gemacht. Und die Regeln im Straßenverkehr dienten dem Schutz aller Verkehrsteilnehmer – das fanden die

Kinder einsichtig. Das Asylgesetz aber hatte Sophia gerade nicht geschützt und es schien auch nicht veränderbar. Wieder versuchten wir zu erklären: Die Gesetze würden von Politikern gemacht, die von den Erwachsenen gewählt würden. Nicht alle Politiker seien dabei einer Meinung und es gäbe auch solche, die sich für eine Änderung der Asylgesetzgebung einsetzten. Wir waren plötzlich in einer politischen Diskussion gelandet, die uns über den Kopf zu wachsen drohte. Welche Handlungsmöglichkeiten blieben uns und den Kindern in diesem Konflikt? Wir fühlten uns so ohnmächtig wie die Kinder. Sophia würden wir nicht mehr helfen können. Wir wollten jedoch versuchen, ihre Adresse in Rumänien ausfindig zu machen. Dann könnten wir ihr wenigstens schreiben und ihr damit deutlich machen, dass wir sie nicht vergessen würden. Und

„Plötzlich waren wir in einer politischen Diskussion, die uns über den Kpopf zu wachsen drohte.“

noch einen Beschluss fassten wir gemeinsam mit den Kindern: Unsere Kontakte zum Asylbewerberheim wollten wir weiter aufrechterhalten. Im darauf folgenden Sommer überraschten uns die Heimbewohner mit dem Vorschlag, mit uns gemeinsam ein Dorffest vorzubereiten. Die Asylbewerber hatten das Motto gewählt: Unser Dorf und wir. Sie wollten damit ausdrücken, dass sie zum Dorf gehören wollten, wenn auch nur zeitweilig. Das Fest sollte wieder in unserer Kita stattfinden, wir wollten aber nicht nur Eltern, sondern alle Dorfbewohner einladen. Noch während der Vorbereitungsphase meldeten zwei afghanische und eine albanische Familie ihre Kinder bei uns an. Wir baten sie, sich an den Vorbereitungen zu beteiligen. Die Kinder und ihre Eltern würden die Kita so schon vorher kennen lernen können. Bei den regelmäßigen Treffen zur Festvorbereitung haben Kinder, Eltern und wir nebenbei viel über die Lebenshintergründe der Heimbewohner erfahren können, und Hemmschwellen wurden weiter abgebaut.
Für das Fest wurden Aufgaben verteilt: Vietnamesinnen wollten die warme Küche übernehmen, deutsche Eltern wollten Kuchen backen. Eine Bastelstraße mit Angeboten zur künstlerischen Betätigung und die abschließende Disko rundeten das Festprogramm ab. Wir würden unsere Dokumentation über die bisherigen Kontakte mit dem Heim aufbereiten, sodass die Dorfbewohner sich darüber informieren könnten.

Das Fest war gut besucht, viele neue Begegnungen entstanden, und so bildete es den Auftakt für eine neue Phase unseres Zusammenwirkens mit den Asylbewerbern.

Kinder melden sich zu Wort

Öffentlichkeitsarbeit war dieser Kita im gesamten Projektverlauf ein wichtiges Anliegen. Über die Kontakte zu dem Asylbewerberheim hatte die Lokalzeitung und auch das regionale Fernsehen schon berichtet. Die Initiative war in diesen Fällen bisher von der Leiterin und einer Mutter, die journalistisch tätig ist, ausgegangen. Jetzt wurden auch die Kinder aktiv.

Die Kinder waren sehr stolz darauf, das Foto in einer Zeitung gedruckt zu sehen und von ihrer Erzieherin zu hören, was dazu geschrieben war. Am liebsten hätten sie ihre Meinung Ben selbst mitgeteilt, sie hatten jedoch seine Adresse nicht. Die Erzieherinnen erläuterten ihnen, dass Bens Eltern den Artikel sicher lesen und ihm davon berichten würden.
Die älteren Kinder sprachen davon, dass über die Veröffentlichung in der Zeitung viele Menschen ihre Meinung kennen lernen würden. Vielleicht würde das bewirken, dass andere besser darüber nachdenken, wie sie sich gegenüber dunkelhäutigen Menschen verhalten.

Templiner Zeitung 4. 1. 1997

Haben es Ausländer schwerer?

Ben und Katrin spielen oft zusammen. Wenn Ben lacht, leuchten seine weißen Zähne im dunklen Gesicht. Bens Eltern sind aus einem afrikanischen Land nach Deutschland gekommen, um hier zu studieren. Obwohl Ben noch gar nicht zur Schule geht, kann er französisch und deutsch sprechen. Das findet Katrin toll. Zu Hause bei Ben geht es meistens lustig zu. Vor allem, wenn Freunde der Eltern kommen. Sie singen Lieder aus ihrer Heimat, und Ben tanzt dazu.

Gestern hat Katrin ihren Freund zum ersten Mal traurig gesehen. Auf dem Spielplatz wollten sie um die Wette klettern. Plötzlich kamen Jungs und stießen Ben zur Seite. „Platz da, Du Neger!“ riefen sie und machten sich über seine Hautfarbe lustig. Katrin sah Tränen bei Ben. Warum wehrte er sich nicht? Da erzählt Ben von einem Freund, der wegen seiner Hautfarbe auf der Straße sogar zusammengeschlagen wurde. Seitdem hat auch Ben manchmal Angst. Still gingen Ben und Katrin nach Hause.

Was meint ihr, haben es Ausländer schwer bei uns? Habt ihr auch ausländische Freunde? Was unternehmt Ihr zusammen? Schreibt an die Kurierschnecke ...

Dieser kurze Artikel erschien auf der Kinderseite der Regionalzeitung (Templiner Zeitung, 4. 1. 1997)

Kinder aus der Kita antworteten und ihre Antwort wurde kurze Zeit später veröffentlicht:

Pia, Evi, Jennifer, Julia, Markus, Pit und Sebastian besuchen die Kita Villa Kunterbunt in Crussow bei Schwedt. Ihre Erzieherin hat ihnen die Geschichte über Ben vorgelesen. „Wir sind sehr traurig über das Verhalten der bösen Jungs“, heißt es in ihrem Brief. Sie selbst spielen gern mit ausländischen Kindern. Zu ihrer Gruppe gehören Tommy aus Vietnam, Khybar und Helie aus Afghanistan und Lotrin aus Albanien, die im Asylbewerberheim leben. „Unsere Freunde brauchen keine Angst zu haben“, sagt Evi (6). „Lotrin und Khybar sind meine Freunde, sie können gut singen“, berichtet Pia (7).
Und Julia (4) mag Tommy besonders gern, weil er „so ein niedliches Gesicht hat“. Einstimmige Meinung von Sebastian, Markus, Pit: „Sie sind tolle Fußballer und gehören zu uns.“

Nebenstehender Artikel war versehen mit einem großen Foto von Tommy und Julia im Kindergarten

4. Nachdenken – Erfahrungen auswerten

Erkunden, Entscheiden, Handeln und Nachdenken - die vier Schritte der Planung im Situationsansatz greifen spiralförmig ineinander.
Der erste Schritt, die Situationsanalyse, beleuchtet das gewählte Thema aus verschiedenen Blickrichtungen. Analysefragen waren:

- Wie sind Kinder in und von der Situation „Zusammenleben mit Menschen aus anderen Kulturen" berührt?
- Wie erleben die deutschen Kinder die Situation, wie die ausländischen?
- Welche Vorerfahrungen und Fragen, welche Wünsche und Ängste bringen sie mit?
- Wie stellt sich die Situation aus Sicht der ausländischen und deutschen Eltern dar?
- Welche Erfahrungen und Einstellungen haben die Erzieherinnen?
- Welche gesellschaftlichen Anforderungen sind mit der Situation verbunden?
- Welche Voraussetzungen benötigen Erzieherinnen, um die Situation angemessen bearbeiten zu können?

Die Situationsanalyse bildet die Grundlage für die Phase der Zielentscheidungen. Die Analyse gewährleistet, dass Ziele auf die konkreten Erfahrungszusammenhänge der Kinder bezogen werden:

- Welche Erfahrungen können die Kinder meiner Gruppe in ihrem Umfeld im Zusammenleben mit Menschen aus anderen Kulturen machen?
- Welche Kenntnisse, Fertigkeiten und Fähigkeiten können sie sich dabei aneignen?
- Was kann in gemeinsamem Handeln von Erzieherinnen, Kindern, Eltern und anderen Erwachsenen erreicht werden, um die Verständigung zwischen den Kulturen zu erleichtern?

Im dritten Schritt geht es um die Planung von Handlungsmöglichkeiten für Kinder und Erwachsene, die geeignet erscheinen, diese Ziele zu verwirklichen.

- Was können wir unter unseren konkreten Voraussetzungen tun, um die Verständigung zwischen den Kulturen zu vertiefen?
- Wie können wir dazu beitragen, damit Kinder Vorurteile gegenüber Menschen aus anderen Kulturen nicht übernehmen?
- Wie können Eltern an solchen Erfahrungsprozessen teilhaben? Wie können sie uns unterstützen?
- Wie können wir weitere Partner und Partnerinnen gewinnen?

Im letzten Kapitel sollen die eingangs aufgeworfenen Analysefragen und Zielentscheidungen auf dem Hintergrund dieser Erfahrungen nochmals aufgegriffen werden.

Was sagt die nationale Herkunft über einen Menschen aus?

Was selbstverständlich erscheint, fällt nicht auf.
In einer Teambesprechung zu Beginn eines neuen Kitajahres tauschen sich die Kolleginnen über die neuen Gruppenzusammensetzungen aus. Eine Erzieherin berichtet: „Ich habe jetzt Kinder aus drei Nationen in meiner Gruppe“. Auf Nachfrage der Kolleginnen zählt sie auf: Zwei chinesische Mädchen, ein Mädchen aus der Mongolei und ein Junge aus Mosambik gehören jetzt zu ihrer Gruppe. Während sie antwortet, fällt ihr schlagartig auf: Das sind ja vier Nationen. Sie hatte die deutschen Kinder nicht mitgezählt. Unter dem für sie leitenden Gesichtspunkt der Nationalitätenzugehörigkeit waren sie nicht in ihrem Bewusstsein. Eine typische Falle.

Eine Falle, in die viele tappen

Selbst wenn sich Erzieherinnen mit den Unterschieden zwischen dem Konzept der interkulturellen Erziehung und der Ausländerpädagogik befasst haben, stehen für sie bei Fragen der interkulturellen Praxis meist die Kinder aus den anderen Nationen im Mittelpunkt. Sie sind das Andere - das, worauf sich die pädagogischen Überlegungen in besonderer Weise beziehen.

Wer spricht schon von kultureller Erziehung, wenn es um eine Gruppe geht, in der nur deutsche Kinder zusammenleben? Wer fragt, worin das Besondere der deutschen Kultur besteht? Es scheint hier so etwas wie ein unausgesprochenes Einverständnis zu geben. Die deutsche Kultur erscheint den Deutschen selbstverständlich. Wir sind in sie hineingewachsen, ohne groß darüber nachzudenken.

Eine Kollegin, die Seminare zur interkulturellen Arbeit im europäischen Ausland leitet, erzählt von einem Seminar in Spanien. Als sie die spanischen Teilnehmer und Teilnehmerinnen nach ihren Vorstellungen über die kulturellen Besonderheiten von Menschen aus anderen Nationen befragt, antworteten sie zum Beispiel:

- Die Deutschen sind fleißig und pünktlich, aber hartherzig und immer ernst.
- Die Marokkaner sind faul und unordentlich, aber lustig und sehr musikalisch.
- Die Engländer sind arrogant, aber humorvoll ...

Nach den Eigenarten der Spanier befragt, herrschte zunächst Schweigen in der Runde. Und dann kam die Antwort, der alle zustimmten: Das könne man so nicht sagen, schließlich seien Spanier nicht alle gleich. Die Andalusier seien ganz anders als die Katalanen, Frauen ganz anders als Männer, die ältere Generation anders als die jüngere ...

Begegnen wir Menschen aus asiatischen oder afrikanischen Staaten, können wir sie oft nicht einmal voneinander unterscheiden – unsere Wahrnehmungsfähigkeit für die individuellen Eigenheiten muss erst wachsen.
Je weniger Erfahrung wir mit Menschen aus anderen Kulturen haben und je weniger wir über sie wissen, umso größer ist die Bereitschaft, sie mit einem Klischee zu beschreiben. Dies scheint einfacher als zuzugeben, nicht zu wissen, wie die anderen sind. Das geht offensichtlich nicht nur uns Deutschen so.

Auf einem internationalen Kongress in Paris, bei dem es um die wissenschaftliche Definition des Kulturbegriffs ging, fasste die Kongressleiterin, eine renommierte Professorin aus Frankreich, das Resultat der dreitägigen Debatten mit den Worten zusammen: Der Versuch, den Begriff Kultur präzise zu definieren, gleicht dem Versuch, einen Pudding an die Wand zu nageln.

Es ist einfacher ein Klischee zu benutzen, als Unkenntnis zuzugeben

Jedes Kind ist anders – jedes Kind entwickelt sich anders: Dieser inzwischen zum pädagogischen Allgemeingut gewordene Satz gilt nicht nur für die deutschen Kinder. Sicher gibt die nationale Herkunft eines Kindes Hinweise auf zu berücksichtigende Besonderheiten. Sie gilt es aber genauso differenziert in Erfahrung zu bringen, wie die Besonderheiten der deutschen Kinder.

Achtung der anderen ist Achtung vor sich selbst

Kinder einer Kitagruppe haben sich miteinander verglichen, Unterschiede und Gemeinsamkeiten festgestellt und auf vielfältigen Wegen Eigenheiten, Vorlieben und Abneigungen jedes Einzelnen in Erfahrung gebracht.

„Paolo hat so große dunkle Augen mit ganz langen Wimpern, das finde ich schön", äußert Yvonne, „aber Paolo mag auch meine blauen Augen."
Kerstin hat herausgefunden, dass sich die Haut von Aicha aus Nigeria viel weicher anfühlt als ihre eigene und auch ganz seidig schimmert, wenn die Sonne darauf scheint. Ihre Haare, die zu kleinen Zöpfchen geflochten sind, fühlen sich dagegen ganz hart an. Aicha fasst gerne und mit Zärtlichkeit in Kerstins langes, weiches Haar und findet die blonde Farbe schön.

Kinder stehen zu ihren Eigenheiten

Das Projekt mit dem Titel „Ich bin ich und du bist du" hatte die Gruppe die ersten drei Monate im neuen Kitajahr beschäftigt. In der Auswertung mit den Eltern stellen die Erzieherinnen fest, dass die Kinder sich selbst in ihrer Individualität kennen gelernt haben und zu ihren Eigenheiten stehen. Unterschiede zu anderen werden nicht über wertende Kategorien wie besser und schlechter oder schön und nicht so schön ausgedrückt, sondern viel differenzierter benannt. Das hat auch den Wortschatz bei deutschen wie ausländischen Kindern differenziert und erweitert. Die Eltern bestätigen den Eindruck der Erzieherinnen, dass das Selbstbewusstsein ihrer Kinder erkennbar gewachsen sei.
Das war auch das Hauptziel, das die Erzieherinnen mit ihrem Projekt verfolgt hatten. Es gab noch andere Ziele: Nach der neuen Gruppenzusammensetzung sollten Möglichkeiten gefunden werden, die neuen Kinder kennen zu lernen. Die Entwicklung von Freundschaften sollte unterstützt werden. Am Anfang der Projektidee hatte aber die Auseinandersetzung mit folgender These gestanden:
„Werte wie Toleranz, Anerkennung und Solidarität verwirklichen sich nur auf der Grundlage von Respekt/Achtung – Achtung vor dem Lebendigen überhaupt, Achtung vor dem anderen, aber an erster Stelle Selbstachtung" (RAA o.J., S. 17).
Die Diskussion dieser These brachte den Erzieherinnen zwei Erkenntnisse, die ihnen besonders wichtig erschienen.
Die Förderung grundlegender Sozialkompetenzen für ein interkulturelles Zusammenleben steht in enger Verbindung mit der Unterstützung eines stabilen Ichgefühls bei jedem einzelnen Kind. Kinder (und Erwachsene), die sich in ihren gegenwärtigen Situationen einigermaßen sicher fühlen, werden, wenn sie mit Neuem, Andersartigem konfrontiert sind,

eher den Reiz des Neuen sehen. Sie werden eher die positive Herausforderung sehen können, die Chance, sich neue Erfahrungen und Wissen aneignen zu können. Unsichere Kinder (und Erwachsene) dagegen werden eher mit Abwehr und Ablehnung reagieren, weil sie sich schon mit der bisherigen Situation überfordert fühlen.

Die zweite grundlegende Erkenntnis war erleichternd. Die zunächst als neu und zusätzlich empfundene Aufgabe einer interkulturellen Erziehung steht in enger Beziehung zu dem allgemeinen Ziel, jedes Kind in seiner individuellen Entwicklung angemessen zu unterstützen. Das machte Mut, sich den neuen Aufgaben zu stellen, konnten sie so doch in Verbindung gebracht werden mit Vorerfahrungen, mit Situationen also, in denen die Erzieherinnen schon Sicherheiten gewonnen hatten.

Den Erzieherinnen war aber auch deutlich, dass dies nicht heißen könnte, einfach alles beim Alten zu lassen. Neben dem Gemeinsamen, der Förderung des Selbstwertgefühls bei allen Kindern, blieb die Aufgabe, dabei die Unterschiede angemessen zu berücksichtigen.

Kinder und Erwachsene, die sich sicher fühlen, sind offen für den Reiz des Neuen

Wir alle sind Ausländer – fast überall

Dieser weit verbreitete Spruch macht darauf aufmerksam, dass wir nicht der Nabel der Welt sind.

Die Deutschen gehören zu den reisefreudigsten Nationen. Die Mehrzahl verreist regelmäßig ins Ausland. Auch wenn sich eine Urlaubsreise von einem dauernden oder längeren Aufenthalt in einem anderen Land unterscheidet, ist es hilfreich, sich klarzumachen, wie man dort gerne lebt und wovor man geschützt sein möchte.

Die Auslandserfahrungen der Deutschen

Es gibt die Urlauber, die bei einem Auslandsaufenthalt ihren Alltag gerne so regeln, wie sie es von zu Hause kennen. Sie bleiben gerne unter anderen Deutschen, weil sie die Landessprache nicht sprechen und sich deshalb mit der einheimischen Bevölkerung nur schwer verständigen können. Sie bevorzugen auch im Ausland deutsches Essen. Meist fahren sie in touristisch gut erschlossene Gebiete, in denen Hotelanlagen und Restaurants sich auf ihre Bedürfnisse möglichst perfekt eingestellt haben. Der einheimischen Bevölkerung begegnen sie fast ausschließlich in Gestalt des Personals, das sie bedient. Und die einheimische Kultur lernen sie bestenfalls in einer Form touristisch aufgearbeiteter Folklore-Darbietungen kennen. Ihre Gründe, ins Ausland zu reisen, sind meist das bessere Klima und die schönere Landschaft.

Der Status, den diese Touristen im Ausland genießen, ist in der Hauptsache über das Geld definiert, das sie dort ausgeben. Sie werden deswegen freundlich behandelt, insgeheim aber manchmal belächelt.

Andere wollen mit dieser Art von Touristen auf keinen Fall identifiziert werden. Sie planen ihre Reisen individuell, möglichst in entlegene Gegenden, speisen mit Vorliebe die dort üblichen Landesgerichte in kleinen einheimischen Gasthäusern und verständigen sich in der Landessprache oder mehr oder weniger radebrechend mithilfe eines Sprachführers oder mit Händen und Füßen.

Ihnen ist daran gelegen, die Menschen und ihre Lebensgewohnheiten so authentisch wie möglich kennen zu lernen und von diesen als Individuen und nicht als „die“ Deutschen wahrgenommen zu werden. Alleine reisen auch sie nur sehr selten. Sich mit einem Partner oder einer Partnerin über das Erlebte auszutauschen und unbekannte Situationen nicht ganz alleine bestehen zu müssen, verschafft dabei Sicherheit.
Zwischen beiden hier beschriebenen Möglichkeiten gibt es jede erdenkliche Abstufung.

Erzieherinnen nahmen ihre Urlaubserfahrungen zum Anlass und reflektierten dabei ihre Haltung in unbekannten Situationen:

- Welcher Reisetyp bin ich?
- Wie kontaktfreudig gehe ich auf fremde Menschen zu?
- Was verschafft mir Sicherheit in unbekannten Situationen?
- Wie sehr hänge ich an welchen Gewohnheiten?
- Wie beeinflusst das meine Haltung gegenüber Ausländern?

Welcher Reisetyp bin ich?

Wie gesagt, die Urlaubssituation ist mit der Situation der hier lebenden Ausländer nicht vergleichbar. Aber auch bei ihnen gibt es Unterschiede in Bezug auf die Erwartungen uns Deutschen gegenüber. Einige wollen vielleicht über die notwendigen Kontakte am Arbeitsplatz, in der Kita oder der Schule hinaus, keine weiteren Kontakte. Sie haben vielleicht ihre eigenen Gemeinschaften mit Menschen aus ihrem Herkunftsland aufgebaut und fühlen sich dort sehr wohl. Sie sind vielleicht mit einem friedlichen Nebeneinander zufrieden. Andere wollen intensive Kontakte, gehen interessiert auf ihre deutschen Nachbarn zu und wünschen sich Freundschaften zwischen ihren und den deutschen Kindern. Diese unterschiedlichen Ausgangslagen sind zunächst zu erkennen und zu respektieren.

Niemand will als Mensch zweiter Klasse behandelt werden

Bei allen möglichen Unterschieden, wird eines jedoch für alle zutreffen: Als Mensch zweiter Klasse will niemand behandelt werden.

Die Schönheit zeigt sich in den Unterschieden

Knüpfen wir nochmals an den Urlaubserinnerungen an. Egal welchem Reisetyp wir angehören mögen: Was die meisten ins Ausland zieht, ist die Andersartigkeit, der Unterschied zum sattsam Bekannten. Der Wunsch nach Abwechslung vom eventuell eintönigen Einerlei im Alltag tritt dabei in ein Spannungsverhältnis mit dem Wunsch nach Sicherheit.
Das kann in der Jagd nach ungeahnten Höhepunkten münden – die aber immer nur Ausnahme bleiben können – oder in der Suche nach den kleinen, feinen Unterschieden, die auch Platz im Alltag finden können.

Andersartiges in den Alltag integrieren, ohne das Eigene aufzugeben

Interkulturelle Erziehung zielt auf Letzteres. Den eigenen Alltag durch Integration von Andersartigem bereichern, ohne das Eigene deshalb aufgeben zu müssen, darin besteht die Kunst. Nehmen wir das Beispiel aus dem vorangegangenen Kapitel: Die vietnamesischen Mütter, die in der Anfangsphase zu allem, was die Erzieherinnen ihnen zeigten, freundlich lächelnd nickten. Die Erzieherinnen waren unsicher, ob sie diese Verhaltensweise als leere Höflichkeit bewerten sollten, hinter der sich möglicherweise ganz andere Wertungen aufseiten der Vietnamesinnen verbargen, oder ob sie dies als echte zustimmende Äußerungen interpretieren konnten. Erst nach einer Weile des Kennenlernens, durch konkrete Erfahrung, ergaben sich andere Interpretationsmöglichkeiten. Vietnamesen – und das gilt auch für andere von buddhistischen Traditionen gekennzeichneten asiatischen Kulturen, werden Kritik nicht so zum Ausdruck bringen, wie es sich eine deutsche Erzieherin wünscht. Wenn sich diese Erzieherin dann noch zum Ziel gesetzt hat, eine möglichst offene Streitkultur zu befördern, Konflikte nicht unter den Teppich zu kehren, sondern sie zum Gegenstand von Auseinandersetzungen zu machen, dann gibt es hier ein interkulturelles Problem. Es ähnelt dem, das wir im Kapitel „Entscheiden“ bezüglich der Auseinandersetzung mit der Geschlechterrolle benannt haben. Die buddhistische Tradition gebietet Höflichkeit und Respekt insbesondere vor älteren Personen und vor solchen, die eine öffentliche Position innehaben. Dazu gehören in den Augen der Vietnamesinnen auch Erzieherinnen. Ihre Höflichkeitsbekundungen drücken also zunächst einmal Wertschätzung aus. Und sie zeigen diese ohne Vorbehalte, auch wenn sie nicht alles verstanden haben, was die Erzieherinnen ihnen vermitteln wollten. Sie bringen damit sozusagen einen Vorschuss in die zwischenmenschliche Begegnung ein.

Die in unserem Beispiel beschriebene Unsicherheit der deutschen Erzieherinnen, wie sie solche Höflichkeitsgesten erwidern sollten, bedarf auf diesem Hintergrund sehr wohl einer genaueren Betrachtung:

- Sind die lockeren Umgangsformen in unserer Kultur, der weit gehende Verzicht auf formalisierte Höflichkeitsformen, tatsächlich der Überzeugung erwachsen, dass alle Menschen gleich seien und sich deshalb zum Beispiel niemand vor einem anderen verneigen müsse?
- Oder kann es sein, dass mit dem Verzicht auf Höflichkeitsformen auch ein Teil des Respekts vor anderen verloren gegangen ist?
- Wie weit geht der Verzicht auf Höflichkeit bei uns?
- Welche kulturellen Unterschiede gibt es dabei auch unter den Deutschen?

In unserer ost-west-deutsch gemischten Projektgruppe war zum Beispiel den Westdeutschen aufgefallen, dass sich die meisten Ostdeutschen bei einer Begegnung in Gruppen immer mit Handschlag begrüßen und verabschieden, während die Westdeutschen es oft bei einem Kopfnicken belassen. Den Ostdeutschen war aufgefallen, dass sich viele Westdeutsche, vor allem Frauen, bei Zweierbegegnungen auch dann mit Umarmungen und Wangenküssen begrüßen, wenn sie nicht eng befreundet, sondern nur Kolleginnen sind. Was drückt sich in solchen unterschiedlichen Formen aus? Wie sind sie entstanden? Ist der deutsche Handschlag, der von seiner Herkunft Einverständnis mit dem anderen bedeutet, ehrlicher als die Verneigung der Vietnamesinnen vor den Erzieherinnen? Könnte es schaden, Kindern unterschiedliche Höflichkeitsrituale nahe zu bringen?

Was bedeuten uns Respekt und Höflichkeit?

Welche Sprache gilt?

Sprache: Auch das ist kein eindeutiger Begriff. Es gibt die gesprochene Sprache, die geschriebene Sprache, die Sprache des Herzens, die Körpersprache und diese zum Teil ins Feinste unterschieden nach der Sprache der einzelnen Körperteile: der Hände, der Füße, der Augen. Und jede Kultur hat für all diese Ausdrucksformen ihre eigenen Möglichkeiten ausgeprägt.

Von der Vielfalt kultureller Ausdrucksformen

Eine Freundin aus Java hat mich darüber aufgeklärt, dass in einem traditionellen javanischen Hochzeitstanz, den ich beobachten konnte, die gesamte javanische Tradition, die javanischen Vorstellungen über den Ursprung des Lebens, die Liebe, über Familie, über die Erziehung von Kindern, über den Tod enthalten seien. Jede Neigung des Kopfes, jede Bewegung eines Finger- oder Fußgliedes, jede Körperbewegung transportierte eine Bedeutung. Und jede dieser Bewegungen war bestens einstudiert. Unsere Art des Tanzens hat mit diesem Tanz nicht viel zu tun.

Loris Malaguzzi, ein italienischer Pädagoge, hat in unserem Kulturkreis den Satz geprägt: Hundert Sprachen hat das Kind - und 98 davon verweigern wir ihm. Die Betonung der gesprochenen und geschriebenen Sprache im westeuropäischen Kulturkreis führt leicht zur Vernachlässigung anderer Ausdrucksmöglichkeiten. Das kreative Potential von Kindern, ihre besonderen Fähigkeiten, sich Fantasien über die Welt zu machen und sie in vielerlei Formen auszudrücken, kommen oft zu kurz (vgl. Senatsverwaltung für Jugend und Familie 1992 / Dreier 1993).

Kommen Kinder aus einem Land mit einer anderen Herkunftssprache in die Kita, sehen Erzieherinnen anfangs nur das Defizit: „Diese Kinder sprechen nicht deutsch.“
Es wird leicht übersehen, dass sie über reichhaltige andere Sprachen verfügen. Bei Kindern aus osteuropäischen, asiatischen und arabischen Ländern haben Erzieherinnen die Beobachtung gemacht, dass diese Kinder sehr ausgeprägte Fähigkeiten bei musischen und künstlerischen Betätigungen zeigen und mit großer Ausdauer, Konzentration und Sorgfalt bei der Sache sind. Auch viele Eltern dieser Kinder verfügen über eine besondere künstlerische Begabung. Das mag damit zusammenhängen, dass in ihren Herkunftsländern das Handwerk allgemein und das Kunsthandwerk im Besonderen noch eine größere Rolle spielen als in den westlichen Industrienationen. Handwerkliche Grundqualifikationen gehören in diesen Ländern zu den Kulturtechniken, die zur Allgemeinbildung zählen. In unserer Gesellschaft sind diese bezeichnenderweise auf das Rechnen, Lesen und Schreiben reduziert.

Auch im Haushalt, beim Gartenbau oder in der Landwirtschaft wird in diesen Ländern noch vieles mit Hand gemacht, was bei uns längst an Maschinen aller Art abgegeben wird. Von Generation zu Generation werden so vielfältige Kenntnisse weitergegeben, die bei uns schon zum ausgestorbenen Kulturgut gehören.
Hier bietet sich eine breite Palette von Möglichkeiten, den Kita-Alltag zu bereichern und voneinander zu lernen. Erzieherinnen haben die Erfahrung gemacht, dass Eltern gerne bereit sind, sich an pädagogischen Aktivitäten zu beteiligen, wenn sie dabei ihre spezifischen Fähigkeiten einbringen können.
Sie und ihre Kinder erleben sich dabei als diejenigen, die etwas Besonderes können und nicht immer als diejenigen, die eines nicht oder nicht so gut beherrschen: die deutsche Sprache. Über gemeinsame Betätigung entwickelt sich aber auch diese schneller und leichter, da der Spracherwerb in konkrete Handlungsvollzüge eingebettet ist.

Interkulturelle Kompetenzen als Grundqualifikation für alle

Was Kinder auch für ihr späteres Leben brauchen

Wie wird die Zukunft aussehen, in der die heutigen Kinder als Erwachsene leben werden? Es wird immer schwieriger, dieses vorherzusagen. Aber eines trifft bestimmt zu. Die internationalen Verflechtungen werden in nahezu allen gesellschaftlichen Bereichen eine immer größere Rolle spielen. Um einen Platz auf dem Arbeitsmarkt zu erringen, sei es in einem traditionellen Arbeitsverhältnis oder mit einer selbstständigen Existenz, werden Auslandserfahrungen, Mehrsprachigkeit und die Kommunikationsfähigkeit mit Menschen aus verschiedenen Kulturen für viele zur Notwendigkeit werden.
„Frühzeitiges Verständnis und Wissen in Bezug auf fremde Kulturen ist die beste Vorbereitung, um für die globalen Probleme, mit deren Auswirkungen die neue Generation in weitaus stärkerem Maße konfrontiert sein wird als vorangegangene, angemessenere Lösungen zu finden" (RAA, o. J., S. 14).

Ausländische Pädagogen an der Arbeit beteiligen

Die neu entfachte Diskussion um den Bildungsanspruch des Kindergartens, darf diese Dimension nicht vernachlässigen. Die spezifischen Lernvoraussetzungen der Kinder dieses Alters verlangen dabei konkrete Erfahrungszusammenhänge. Wissensvermittlung über Medien kann dabei immer nur eine begleitende Rolle spielen, konkrete Erfahrung aber nicht ersetzen. Kitas, in denen Kinder aus mehreren Kulturen leben, haben es da leichter als solche, in denen nur deutsche Kinder sind.

Das Kapitel „Entscheiden" enthält Anregungen, wie anknüpfend an alltäglichen Erfahrungen der Kinder Wissen und Kenntnis über andere Kulturen auch dann vermittelt werden können, wenn keine ausländischen Kinder in der Kita sind (vgl. S. 48 f.).
Vielleicht gibt es im Umfeld auch die Möglichkeit, ausländische Pädagogen oder Pädagoginnen für eine zeitweise Mitarbeit in der Kita zu gewinnen. In einigen Bundesländern existieren Regionale Arbeitsstellen für Ausländerfragen (RAA), die solche Pädagogen und Pädagoginnen vermitteln. Die Ausländerbeauftragten der Städte oder Landkreise geben die Adressen weiter.

Mohammed aus Angola ist ein solcher Pädagoge. Er war der erste dunkelhäutige Mensch, dem die Kinder eines Dorfkindergartens begegneten. Die Leiterin hatte ihn eingeladen. Obwohl oder gerade weil keine Vorerfahrungen existierten, war bei der Begegnung die „Angst vor dem schwarzen Mann" spürbar. Beim gemeinsamen Spielen im Garten gab es Annäherungsversuche und als er seine angolanischen Trommeln auspackte, wich die Angst der Faszination.

Mohammed kommt seit einiger Zeit regelmäßig in diese Kita. Für die Kinder gehört er inzwischen selbstverständlich dazu, und auch die Eltern haben ihn kennen und schätzen gelernt. Neben dem Wissen und Können, das die Kinder in solchen Begegnungen erwerben können, tragen sie in hohem Maße zum Abbau von Vorurteilen bei bzw. verhindern deren Übernahme.

„Würden Kinder im Kindergarten- und Schulalltag regelmäßig mit ausländischen Pädagoginnen und Pädagogen konfrontiert, die Verantwortung übernehmen und Kenntnisse weitergeben, so können Kinder die Erfahrung machen, dass die Begegnung mit Menschen aus anderen Kulturen und das gemeinsame Handeln mit ihnen etwas Bereicherndes oder, besser noch, etwas Selbstverständliches ist. Erst dann sind sie vor der (massenhaften) Übernahme von Vorurteilen ausreichend geschützt“ (RAA o. J., S. 17).

Der Alltag verändert sich

> „Mir ist deutlich geworden: Interkulturelle Erziehung zeigt sich in erster Linie im Alltag. Anfangs dachte ich, Projekte – zum Beispiel über die Heimatländer der ausländischen Kinder – seien die Hauptsache. Aber das Entscheidende ist doch, dass sich die Kinder bei uns Tag für Tag wohl fühlen."

Selbst- und Fremdwahrnehmung

Den an dieser Entwicklungsgruppe beteiligten Erzieherinnen war ein wichtiger Zugang zu grundsätzlichen Fragen eines interkulturellen Zusammenlebens: Kinder der Gruppe in ihren individuellen Eigenheiten wahrzunehmen und sie in ihrer Selbstwahrnehmung zu unterstützen.
Die Wahrnehmung auf das Fremde zu richten, lässt auch das Bekannte in einem anderen Licht erscheinen. Unterschiede treten deutlicher hervor, nicht nur zwischen deutschen Kindern einerseits und ausländischen Kindern andererseits, sondern ebenso zwischen den deutschen und zwischen den ausländischen Kindern. Und auch Gemeinsamkeiten, die vorher verborgen waren, werden sichtbar:

- Die Kinder aus dem Asylbewerberheim wohnen ganz anders als die Kinder aus dem Dorf. Sie spielen aber ebenso gerne Fußball oder machen ebenso gerne Musik wie einige andere Kinder der Gruppe.
- Die drei vietnamesischen Mädchen, die in den Augen der Erzieherinnen anfänglich alle gleich aussahen, sind doch ganz verschieden. Ihre Vorliebe für Reis zum Frühstück teilen auch einige der deutschen Kinder, seitdem sie Gelegenheit dazu haben.

Im Vergleich von Unterschieden und Gemeinsamkeiten erfahren die Kinder vieles über sich und die anderen. Das stärkt sowohl ihr Selbstwertgefühl als auch ihre Fähigkeit, sich in andere hineinzuversetzen.

Für Kinder und Erzieherinnen hatte das Auswirkungen, zum Beispiel beim Aushandeln der Regeln, die für den Tagesablauf gelten sollen. Beim Essen und Schlafen ist der vorher festgesetzte Rahmen flexibleren Lösungen gewichen, die die individuellen Bedürfnisse der Kinder stärker berücksichtigen. Anlass für die neuen Regelungen waren die ausländischen Kinder. Die Bereitschaft der Erzieherinnen, den besonderen Lebensbedingungen dieser Kinder in der Gestaltung des Tagesablaufes Raum und Zeit zu geben, war Voraussetzung. Im Ergebnis haben alle Kinder davon profitiert, weil die Bedürfnisse aller in die Verhandlungen um die neuen Regelungen eingegangen sind.
Für die Eltern gilt Ähnliches. Im Beispiel mit den vietnamesischen Mädchen haben sich die Erzieherinnen darauf eingelassen, die Bringezeiten beweglicher zu gestalten. Anlass war, dass sie die Arbeits-

- „Wir haben gelernt genauer hinzusehen. Vor allem halten wir uns jetzt mit schnellen Urteilen über Verhaltensweisen von Kindern zurück".

- „Mir ist klar geworden, was ich alles noch nicht weiß – zum Beispiel über die Lebensumstände ausländischer Kinder. Mit einigen deutschen Kindern, die schon lange in meiner Gruppe sind, geht es mir ähnlich. Das war mir bisher gar nicht aufgefallen."

situation der Eltern kennen gelernt und erfahren hatten, wie die Kinder jeden Abend im Restaurant ihrer Eltern verbrachten. Resultat war, dass nach Änderung der Regelung auch deutsche Eltern die flexibleren Spielräume nutzten. Sie kamen ebenso ihren individuellen Lebenslagen entgegen. Vorher hatten sie sich nur nicht getraut, an dem ehernen Gesetz zu rutteln, dass alle Kinder bis spätestens 8.30 Uhr bzw. 9.00 Uhr in der Kita sein müssen. Verabredungen werden jetzt an konkrete Vorhaben geknüpft. Die Kommunikation zwischen Erzieherinnen und Eltern ist dadurch intensiver geworden.

Statt der früher üblichen Elternabende, bei denen nur geredet wurde, finden jetzt häufiger gemeinsame Tätigkeiten mit Eltern und Kindern statt. Kochen, Backen, Malen, Tanzen, Sportspiel - hier können alle mitmachen. Auch dies resultierte aus den Überlegungen, wie sich die ausländischen Eltern mit ihren geringen Deutschkenntnissen beteiligen könnten. Es hat sich gezeigt, dass diese Formen der Zusammenarbeit auch viele deutsche Eltern mehr anspricht als die vorherigen Gesprächsrunden. Gespräche entwickeln sich bei diesen Aktivitäten selbstverständlicher und individueller. Und die Eltern können ihre spezifischen Interessen und Fähigkeiten zur Geltung bringen. Das gilt für die ausländischen wie für die deutschen Eltern. Zwischen ihnen entwickeln sich Kontakte, oft initiiert von ihren Kindern, wenn diese ihre Eltern zum Mitmachen auffordern. Vorbehalte von deutschen Eltern gegenüber den ausländischen konnten so in den allermeisten Fällen ausgeräumt oder doch wenigstens abgeschwächt werden. In der gemeinsamen Aktion mit Kindern und Eltern erfahren die Erzieherinnen nebenher konkrete Einzelheiten über die Lebenssituation der Familien, von denen sie vorher nichts wussten. Das Vertrauen ist gewachsen, denn auch die Eltern haben erfahren, dass die Erzieherinnen keine vorschnellen Urteile fällen.

Das Vertrauen zwischen Eltern und Erzieherinnen wächst

Und nicht zuletzt: Die Zusammenarbeit mit den Eltern ist einfach lustiger geworden.

Verwendete Literatur

Akpinar, Ünal/Zimmer, Jürgen (Hrsg.): Von wo kommst'n Du? Interkulturelle Erziehung im Kindergarten, 3 Bände, München 1984

Beck-Texte (Hrsg.): Deutsches Ausländerrecht, München 1996

Dreier, Annette: Was tut der Wind, wenn er nicht weht? Begegnungen mit der Kleinkindpädagogik in Reggio Emilia, Berlin 1993

Maaz, Hans-Joachim: Die Angst vor dem Fremden - eine Diskussionsanregung. In: Ich. Die Psychozeitung, Heft 3/1995, S. 4 f.

Ministerrat der DDR - Ministerium für Volksbildung: Programm für die Bildungs- und Erziehungsarbeit im Kindergarten, Berlin 1985

Nirumand, Bahman: Typisch deutsch - Annäherung an ein Phantom. In: Ich. Die Psychozeitung, Heft 3/1995, S. 7 ff.

RAA Potsdam (Regionale Arbeitsstellen für Ausländerfragen e.V.): Interkulturelle Beiträge 9. Ausländische Pädagogen im Kindergarten und Hort, Potsdam o. J.

Senatsverwaltung für Jugend und Familie: Hundert Sprachen hat das Kind. Wie Kinder wahrnehmen, denken und gestalten lernen, Berlin 1992

Wieczerkowski, Wolfgang: Frühe Zweisprachigkeit, München 1975

Literatur zum Weiterlesen

Elschenbroich, Donata: Seit wir über die Grenze gekommen sind, heißen wir Aussiedler. In: Bundesvereinigung Evangelischer Kindertagesstätten e.V. (Hrsg.): Elternbrief-Sonderheft, Waiblingen 1991

Elschenbroich, Donata: Multikulturelle Routine. Kinder aus anderen Kulturen im deutschen Kindergarten. In: Colberg-Schrader, Hedi/Krug, Marianne/Pelzer, Susanne: Soziales Lernen im Kindergarten, München 1991

Fischer, Dietlind/Schreiner, Peter/Doyé, Götz/Scheilke, Christoph Th.: Auf dem Weg zur Interkulturellen Schule. Fallstudien zur Situation interkulturellen und interreligösen Lernens, Münster/New York 1996

Leuzinger-Bohleber, Marianne/Garlichs, Ariane: Früherziehung West-Ost. Zukunftserwartungen, Autonomieentwicklung und Beziehungsfähigkeit von Kindern und Jugendlichen, Weinheim und München 1993

Mühle, Heide: Religionspädagogische Materialien für den Kindergarten. In: Theorie und Praxis der Sozialpädagogik (TPS) Extra, Heft 5, Bielefeld 1991

Pädagogisches Landesinstitut Brandenburg (PLIB): Interkulturelle Erziehung, Teil 5: Cinti und Roma in Deutschland, Werkstatthefte, Heft 29, Ludwigsfelde 1994

Senatsverwaltung für Jugend und Familie (Hrsg.): Metropole Berlin - Kinder einer Welt. Dokumentation der Fachtagung zur multikulturellen Erziehung vom 10.–12. März 1993, Berlin 1993

Sozialpädagogisches Institut NRW (SPI): Ausländische Kinder im Kindergarten. Standardübersetzungen für die Zusammenarbeit mit ausländischen Eltern, Köln 1985

Sozialpädagogisches Institut NRW (SPI): Kinder aus europäischen Ländern, Köln 1992

Sozialpädagogisches Institut NRW (SPI): Übersetzungshilfen Polnisch-Rumänisch-Russisch. Texte für die Arbeit mit Eltern im Kindergarten, Köln 1991

Sozialpädagogisches Institut NRW (SPI): Aussiedlerkinder im Kindergarten. Materialien für die Praxis, Köln 1995

Sozialpädagogisches Institut NRW (SPI): Wir - Aussiedlerkinder im Kindergarten. Themenschwerpunkt: Erziehung und Bildung in sozialistischen Ländern, Heft 1, Dezember 1990, Köln 1990

Sozialpädagogisches Institut NRW (SPI): Wir - Aussiedlerkinder im Kindergarten. Themenschwerpunkt: Polen, Heft Mai 1991, Köln 1991

Sozialpädagogisches Institut NRW (SPI): Wir - Aussiedlerkinder im Kindergarten. Themenschwerpunkt:Zusammenarbeit mit Eltern, Heft 3, September 1991, Köln 1991

Sozialpädagogisches Institut NRW (SPI): Wir - Aussiedlerkinder im Kindergarten. Themenschwerpunkt: Die Sowjetunion, Heft 4, November 1991, Köln 1991

Sozialpädagogisches Institut NRW (SPI): Wir - Aussiedlerkinder im Kindergarten. Themenschwerpunkt:Rumänien, Heft 5, Februar 1995, Köln 1995
Alle Publikationen des SPI zu beziehen über: SPI, An den Dominikanern 2-4, 50668 Köln

Treppte, Carmen: Lernen heißt auch Brücken bauen. Türkische Kinder und Mütter auf dem Weg zur Schulbank, Weinheim und Basel 1990

Treppte, Carmen: Das Fremde als Spiegel. Kolportagen zur interkulturellen Entwirrung, Weinheim und Basel 1992

Van de Loo, Marie-José/Reinhart, Margret: Kinder. Ethnologische Forschung in fünf Kontinenten, München 1993

Zimmer, Jürgen/Preissing, Christa/Thiel, Thomas/Heck, Anne/Krappmann, Lothar: Kindergärten auf dem Prüfstand. Dem Situationsansatz auf der Spur. Seelze-Velber 1997

Literatur für Kinder

Alafenisch, Salim: Amira - Prinzessin in der Wüste, Ravensburg 1994

Anne Frank Haus (Hrsg.): Das sind wir. Ein Lesebuch mit Geschichten von Livia, Irfan, Gülcihan, Stephan, Sadber und Filipp, Weinheim und Basel 1995

Arndt, Marga/Singer, Waltraut (Hrsg.): Reisekutsche, 3. neu bearbeitete Auflage, Neuwied 1991

Arndt, Marga/Borge-Klein, Inge: Puppenspiel aus aller Welt für die Jüngsten, 3. Auflage, Neuwied 1992

Vahle, Frederik: Liederspatz, Dortmund 1984

Wer an dem Buch beteiligt war

Erika Dräger, Kita 21 in Schwedt

Petra Fronzek, Kita Villa Kunterbunt in Crussow

Marianne Gürtler, Hort an der Grundschule G. Bruhn in Angermünde

Marion Junker, Kita 21 in Schwedt

Ina Keitzl, Kindergarten Königsteinstraße in Leipzig

Martina Kirchmann, Kita Tierhäuschen in Halle

Sonnhild Köhn, Kita 3 in Pritzwalk

Cornelia König, Kita Wieckerstraße in Berlin

Cornelia Krieg, Kita Haus Sonnenschein in Pritzwalk

Marianne Lübeck, Kita der AWO Lößnig II in Leipzig

Evelyn Müller, Kita Kinderland in Weimar

Lilli Pohl, Fachberaterin in Halle

Katrin Responde, Kita Rotdornweg in Röddelin

Kerstin Ring, Kita Arche in Wolgast

Anette Schulz, Waldschule, Hort Waldkäuzchen in Templin

Rita Schulze, Kita Dammstraße in Tutow

Ute Thormeyer, Kita Gersterstraße in Leipzig

Moderatorin des Projekts Kindersituationen: Dr. Renate Buch in Brandenburg

Die Praxisreihe zum Situationsansatz

Situationen von Kindern erkunden, pädagogische Ziele setzen und den Alltag mit Kindern gestalten: Wie das geht und wie Kinder dabei fit fürs Leben werden, zeigen diese Praxisbücher mit vielen guten Ideen und praktisch Erprobtem aus über 100 Kindertagesstätten.

Herausgegeben von Jürgen Zimmer.

Sabine Naumann
Was heißt hier schulfähig?
Übergang in Schule und Hort
ISBN 3-473-98901-0

Christine Lipp-Peetz
Wie sieht's denn hier aus?
Ein Konzept verändert Räume
ISBN 3-473-98902-9

Elke Heller
Gut, dass wir so verschieden sind
Zusammenleben in altersgemischten Gruppen
ISBN 3-473-98903-7

Sabine Naumann
Hier spielt sich das Leben ab
Wie Kinder im Spiel die Welt begreifen
ISBN 3-473-98904-5

Christa Preissing
Wenn die Schule aus ist
Der Hort zwischen Familie und Schule
ISBN 3-473-98905-3

Sabine Naumann
Natürlich von klein auf!
Ökologische Lebensgestaltung in der Kita
ISBN 3-473-98906-1

Götz Doyé, Christine Lipp-Peetz
Wer ist denn hier der Bestimmer?
Das Demokratiebuch für die Kita · ISBN 3-473-98907-X

Elke Heller, Sabine Naumann
Was zählt?
Vom Umgang mit Geld und anderen Werten
ISBN 3-473-98908-8

Christa Preissing
Und wer bist du?
Interkulturelles Leben in der Kita
ISBN 3-473-98909-6

Elke Heller
Etwas unternehmen
Kinder und Erzieherinnen entwickeln Eigeninitiative
ISBN 3-473-98910-X

Götz Doyé, Christine Lipp-Peetz
Das soll einer verstehen!
Wie Erwachsene und Kinder mit Veränderungen leben
ISBN 3-473-98911-8

Jürgen Zimmer
Das kleine Handbuch zum Situationsansatz
ISBN 3-473-98912-6

Zwölf Praxisbände, „Die Materialbox" und „Das Diskussionsspiel" in einem Gesamtpaket (ISBN 3-473-98915-0).

Vertrieb durch Pädagogische Arbeitsstelle
Postfach 18 60 · D-88188 Ravensburg · Telefon (07 51) 86 16 48
Erhältlich im Buchhandel, Praxisbände auch einzeln.